Mathe 4

Durchblick mit Tessa Tinte

Grundlagen festigen – Neues sicher lernen

Erarbeitet von:

Laura Marie Geupel

Stefanie Werning

Mildenberger

Inhaltsverzeichnis

Vorwort

Das Üben und Wiederholen von Lerninhalten ist für alle Kinder wichtig. Viele Unterrichtsinhalte bauen auf bereits Gelerntem auf.

Teilweise wurden Lerninhalte aber nicht richtig verstanden oder nach längeren Zeiträumen wieder vergessen. Dies kommt häufig nach Unterbrechungen durch Projektwochen, Ferien, Klassenfahrten oder Krankheit vor.

Um Wissenslücken zu schließen und ein gewinnbringendes Üben zu ermöglichen, wurden die Aufgaben so gewählt, dass der aktuelle Lerninhalt mit dem Vorwissen der Vorjahrgangsstufe verbunden wird. Die Kinder können ihr Wissen aus der Vorjahrgangsstufe vorab testen und auffrischen. Anschließend werden die aktuellen Inhalte kleinschrittig erarbeitet und in passenden Schwierigkeitsstufen geübt.

Kapitelaufbau

Jedes Kapitel wird in mindestens drei Bereiche gegliedert.

Zu Beginn der Kapitel der Grundrechenarten findet sich je eine **Übungsseite**. Hier wiederholen und festigen die Kinder Fachvokabular, welches sie in den folgenden Kapiteln benötigen.

Jedes andere Kapitel wird mit der **Testseite** begonnen. Hier werden bekannte Lerninhalte aus der Vorjahrgangsstufe abgefragt, um den aktuellen Lernstand zu ermitteln. Nach jeder Aufgabe findet sich ein Tipp, welcher auf den bzw. die entsprechenden Merkkästen der folgenden Seiten verweist, die die Thematik der Aufgabe noch einmal von Grund auf erläutern.

Auf den folgenden **Hinweisseiten** werden die Inhalte der Testseite und Vorjahrgangsstufe Schritt für Schritt erklärt und wiederholt.

Auf den abschließenden **Vertiefungsseiten** wird das Thema weiter fortgeführt, vielfältig geübt und so routiniert.

Hinweisseite

Test

Vertiefungsseite

Anforderungsbereiche

Diese sind durch die Punkte vor der Aufgabennummerierung gekennzeichnet:

1 Reproduzieren

2 Zusammenhänge herstellen

3 Verallgemeinern und Reflektieren

Aufgabensymbole

Die nachfolgenden Symbole kennzeichnen entweder Aufgabentypen oder Teile von Aufgaben, da diese besonders wichtig sind:

Sachaufgabe

Merke

Tipp

Smileys

Bei jeder Aufgabe auf den Testseiten kann die individuelle Leistung durch einen Smiley bewertet und so der eigene Lernstand reflektiert werden.

Stickerbogen

Nach jeder bearbeiteten Vertiefungsseite wird der passende Belohnungssticker auf der letzten Seite des Heftes ins Wimmelbild geklebt. Außerdem gibt es Schmucksticker, die frei verwendet werden können, um beispielsweise das Heft zu verzieren.

Lösungsheft

Das Lösungsheft zeigt alle Seiten des Arbeitsheftes verkleinert mit ausgefüllten Lösungen. Es ist herausnehmbar und ermöglicht dadurch eine optimale Selbstkontrolle. Aufgaben, die mit einem Sternchen * versehen sind, können individuell gelöst werden – die vorgegebene Antwort ist eine mögliche Lösung (Individuelle Lösung).
Aufgaben mit zwei Sternchen ** haben mehrere Lösungen, beispielhaft ist eine davon aufgeführt (Beispiellösung).

Nebenrechnungen

In einigen Aufgaben kann es sinnvoll sein, bei Bedarf eine schriftliche Nebenrechnung durchzuführen. Diese kann auf einem separaten Notizpapier gerechnet werden.

1 Wie heißt die Zahl? Ergänze die Tabelle.

	Zahldarstellung	Stellenwerttafel	Zahl
a		T H Z E	
b		T H Z E	
c		T H Z E	

Tipp
zum Lösen der Aufgabe: Merkkasten 1 „Zahldarstellung“

2 Stelle die Zahl wie in der Tabelle aus **Aufgabe 1** dar.

a 55 ______

b 713 ______

Tipp
zum Lösen der Aufgabe: Merkkasten 1 „Zahldarstellung“

3 Verbinde das Zahlwort mit der passenden Zahl.

a sechshundertzweiunddreißig • • 1 000

b neunhundertachtundneunzig • • 998

c eintausend • • 632

Tipp
zum Lösen der Aufgabe: Merkkasten 2 „Zahlwörter“

4 Beschrifte den Zahlenstrahl.

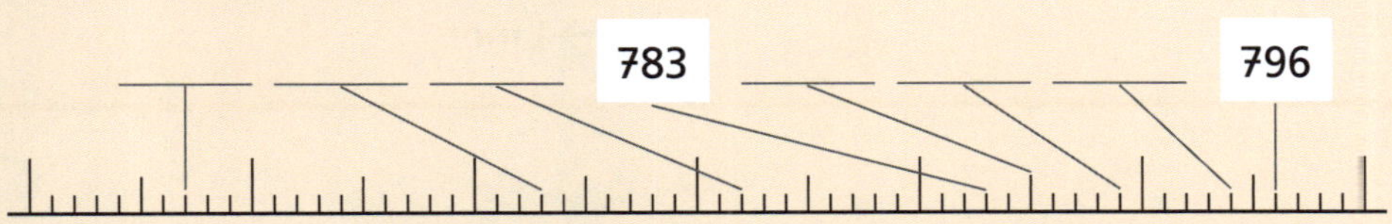

Tipp
zum Lösen der Aufgabe: Merkkasten 3 „Zahlenstrahl“

5 Setze die Zahlenfolge fort. Finde eine Regel.

290 320 ____ ____ ____ 440 ____ ____ ____ 560

Immer: ______

Tipp
zum Lösen der Aufgabe: Merkkasten 4 „Zahlenfolgen fortsetzen“

1 Zahldarstellung

Du kannst Zahlen unterschiedlich darstellen:

Tausender	Hunderter	Zehner	Einer
(Würfel)	□	|	.

1 Wie heißt die Zahl? Ergänze die Tabelle.

	Zahldarstellung	Zahl
a	□□□ || ...	
b	||||| |	
c	□□□□□	

2 Stelle die Zahl dar.

a 82 ||||| ||| ..

b 304 ______

c 710 ______

d 146 ______

2 Zahlwörter

Du kannst eine Zahl auch als Zahlwort schreiben.
Zahlwörter unter einer Million werden klein- und zusammengeschrieben.

(!) Achte besonders auf die Schreibweise von Zehnern und Einern.

Schreibweise – Zahl:

Wenn du die Zahl schreibst,
orientierst du dich an den Stellenwerten.

3 H 7 Z 5 E
→ Zehner

Schreibweise – Zahlwort:

Wenn du das Zahlwort schreibst,
orientierst du dich an der Sprechweise.

„dreihundertfünfundsiebzig"
→ Einer

3 Schaue dir die Zahl genau an. Markiere die Fehler im Zahlwort und schreibe es richtig auf.

	Zahl	Zahlwort	Zahlwort verbessert
a	345	dreihundertvierundfünfzig	
b	788	siebenhundertachtachtzig	
c	912	neunhundert zwölf	

4 Schreibe als Zahlwort.

a 801 achthunderteins

b 376 ______

c 611 ______

d 999 ______

3 Zahlenstrahl

Merkmale eines Zahlenstrahls:

- Der Größe nach angeordnete Zahlen
- Immer gleich großer Abstand zwischen zwei benachbarten Zahlen
- Längere Striche zur Orientierung (Fünfer-/Zehnerzahlen)

5 Beschrifte den Zahlenstrahl. In welchen Schritten wurde gezählt? Kreuze an.

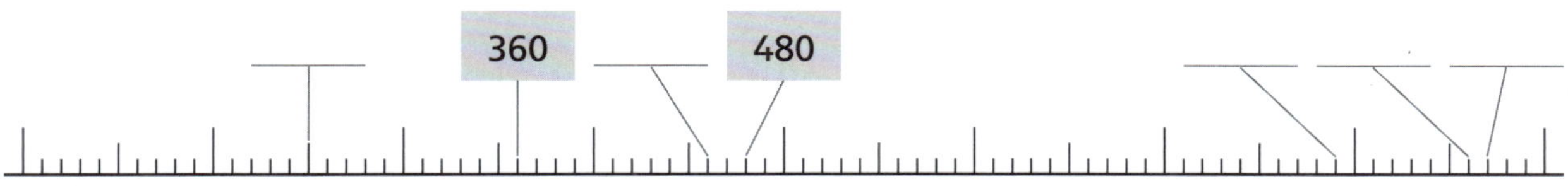

Einerschritte ◯ Zehnerschritte ◯ Hunderterschritte ◯

4 Zahlenfolgen fortsetzen

Eine Zahlenfolge beschreibt eine Reihe an Zahlen. Du kannst sie systematisch fortsetzen, indem du dir die Zahlenfolge genau anschaust und das Muster erkennst.

Schritt 1: Sprich dir die Zahlenfolge laut vor.

Schritt 2: Probiere, ob du addieren, subtrahieren, multiplizieren oder dividieren musst, um den Schritt von einer Zahl zur Nächsten zu gehen.

Schritt 3: Schreibe dir die einzelnen Schritte auf.

Schritt 4: Setze das Muster fort.

6 Setze die Zahlenfolge fort. Finde eine Regel.

___ ___ 756 761 ___ 771 ___ ___ ___ 791 ___

Immer: ______

Zahlwörter im Zahlenraum bis 1 000 000

Du kannst auch eine große Zahl als Zahlwort schreiben:

Schreibweise – Zahl:

Immer drei Ziffern bilden eine Gruppe, die zusammengeschrieben wird. Zwischen zwei dieser Gruppen lässt du eine kleine Lücke.

534 756

Schreibweise – Zahlwort:

Zahlwörter unter einer Million werden klein- und zusammengeschrieben.

fünfhundertvierunddreißigtausend-siebenhundertsechsundfünfzig

(!) 1 000 000 = eine Million

1 Schreibe als Zahl.

a zweiunddreißigtausendvierhundertdrei 32 403

b siebenhundertvierundzwanzigtausendsiebzehn ______

c dreihundertfünftausendzweihundert ______

d neunhundertneunundneunzigtausendeins ______

2 Schreibe als Zahlwort.

a 200 225 ______

b 406 111 ______

3 Wie geht es weiter? Setze fort und finde eine Regel.

a 95 395 | 95 397 | 95 399 | ______ | ______

... | ______ | ______ | ______ | ______ | 100 000

Immer: +2

b 555 555 | 554 555 | 553 555 | ______ | ______

711 200 | ______ | ______ | ______ | ______

Immer: ______

Zahlenstrahl im Zahlenraum bis 1 000 000

Die Merkmale des Zahlenstrahls sind die Gleichen wie im niedrigen Zahlenraum. Der Abstand zwischen zwei benachbarten Zahlen ist auch hier immer gleich groß und zeigt dir, in welchen Schritten gezählt wird.

(!) Diese Schritte sind bei jedem Zahlenstrahl unterschiedlich.

4 Beschrifte den Zahlenstrahl. In welchen Schritten wurde gezählt? Kreuze an.

a

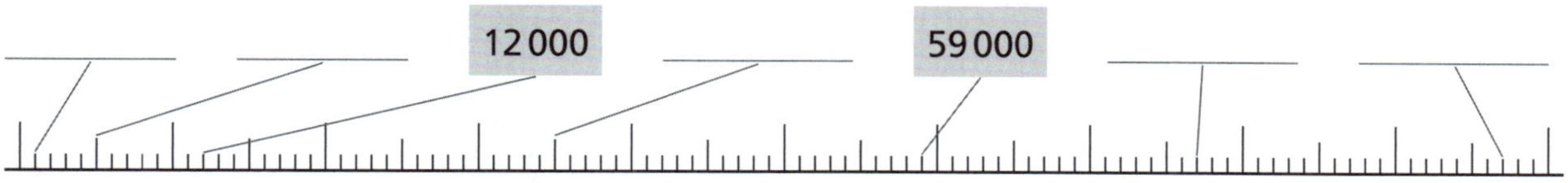

Hunderterschritte ◯ Tausenderschritte ◯ Zehntausenderschritte ◯

b

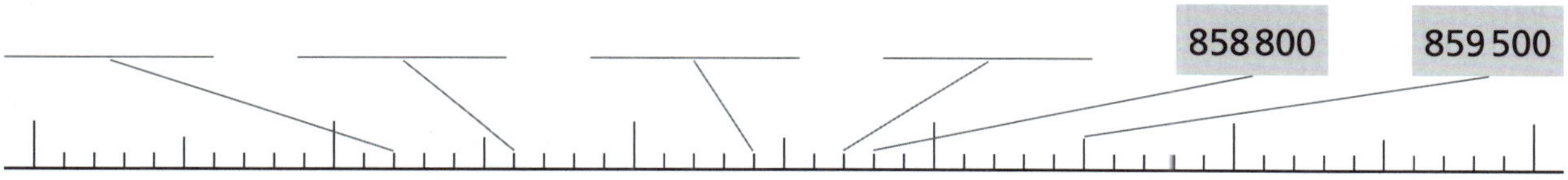

Hunderterschritte ◯ Tausenderschritte ◯ Zehntausenderschritte ◯

c

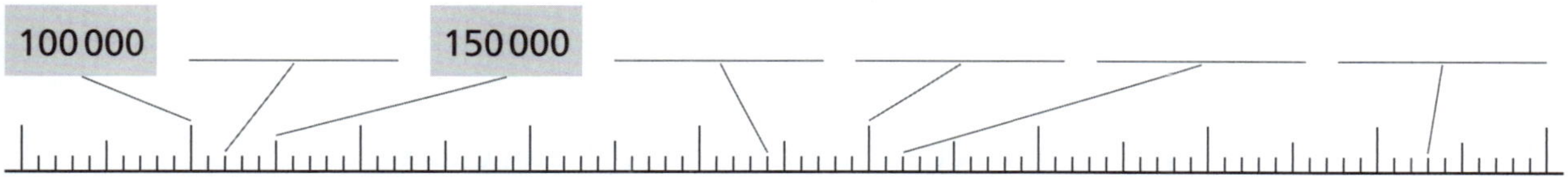

Hunderterschritte ◯ Tausenderschritte ◯ Zehntausenderschritte ◯

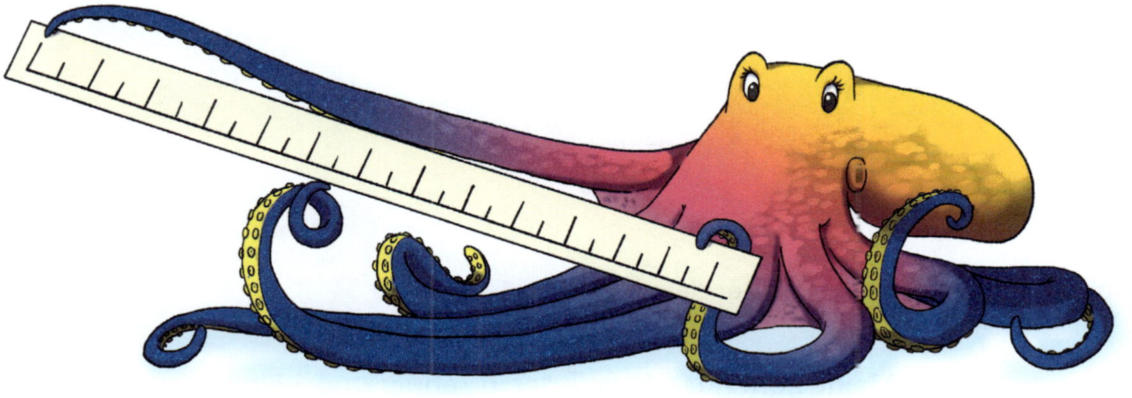

Ich kann jetzt …	✓
… Zahlen darstellen sowie Zahlwörter richtig bilden und aufschreiben.	◯
… Zahlenfolgen fortsetzen.	◯
… Zahlen auf dem Zahlenstrahl verorten.	◯

1 Wie heißt die Zahl? Bündle.

_____ H + _____ Z + _____ E = _____

Tipp zum Lösen der Aufgabe: Merkkasten 1 „Bündeln"

2 Wie heißt die Zahl? Trage ein.

	T	H	Z	E	Zahl
a		●	●	●	_____
b		●●●●		●●●	_____
c		●●	●●●	●●●●●●●	_____
d		●	●●●●	●●●●●	_____

Tipp zum Lösen der Aufgabe: Merkkasten 2 „Stellenwerttafel"

3 Trage die Zahlen 9, 56, 230 und 1 000 in die Stellenwerttafel ein.

T	H	Z	E

Tipp zum Lösen der Aufgabe: Merkkasten 2 „Stellenwerttafel"

4 Verbinde die Zahl mit der passenden Aussage.

a 380 •   • Meine Zahl hat 4 Hunderter, 0 Zehner und 2 Einer.

b 402 •   • Meine Zahl hat neun Hunderter, zwei Zehner und zwei Einer.

c 922 •   • Meine Zahl hat 3 H, 8 Z und 0 E.

d 746 •   • Meine Zahl hat 7 Hunderter, 4 Zehner und 6 Einer.

Tipp zum Lösen der Aufgabe: Merkkasten 2 „Stellenwerttafel"

1 Bündeln

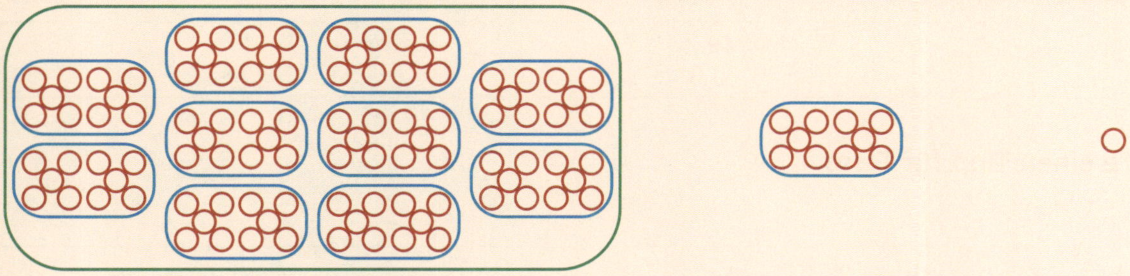

1 Hunderter (H) = 10 Z = 100 E   1 Zehner (Z) = 10 E   1 Einer (E)

1 Wie heißt die Zahl? Bündle.

H	Z	E

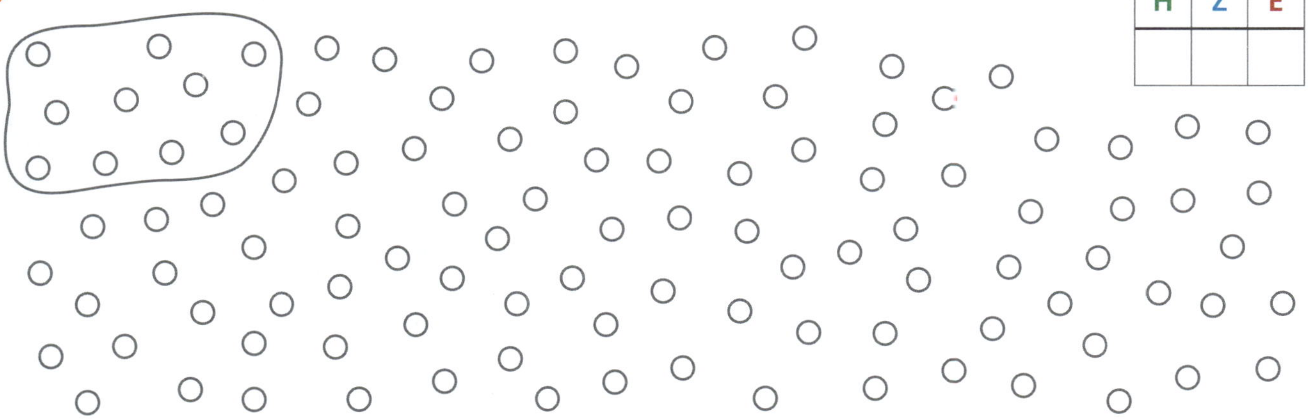

2 Stellenwerttafel

Zahl
1259
Ziffer

Zahlen können in die Ziffern 0, 1, 2, 3, 4, 5, 6, 7, 8 und 9 zerlegt werden. Die Stelle, an welcher eine Ziffer innerhalb der Zahl steht, bestimmt ihren Stellenwert.

Beispiel: Bei der Zahl 1 259 siehst du, dass die Ziffer 1 an der Tausenderstelle (T) steht – du weißt also, dass sie für den Stellenwert 1 000 steht. Für eine bessere Übersicht kannst du die Ziffern in eine Stellenwerttafel eintragen:

T	H	Z	E
1	2	5	9

2 Tessa hat die Zahl 983 in die Stellenwerttafel eingetragen. Dabei hat sie einen Fehler gemacht.

a Umkreise den Fehler rot.

H	Z	E
9		83

b Was hat Tessa falsch gemacht? Beschreibe.

____

____

c Notiere einen Tipp für Tessa.

____

____

d Trage die Zahl 983 richtig in die Stellenwerttafel ein.

H	Z	E

3 Fülle zuerst die Lücken aus. Trage dann die Zahl in die Stellenwerttafel ein.

a 594 Die Zahl hat 5 Hunderter, 9 Zehner und 4 Einer.

b 306 Die Zahl hat ___ H, ___ Z und ___ E.

c 780 Die Zahl hat 7 ________, 8 ________ und 0 ________.

d 1 000 Die Zahl hat ___ T, ___ H, ___ Z und ___ E.

	T	H	Z	E
a		5	9	4
b				
c				
d				

4 Finde die Zahl heraus und trage sie in die Stellenwerttafel ein.

a 11 Z 1 H 3 E ________

b 23 E 1 T 2 H ________

	T	H	Z	E
a				
b				

2 Zum Teil sind mehrere Lösungen möglich.

Stellenwerttafel im Zahlenraum bis 1 000 000

Mithilfe einer Stellenwerttafel kannst du Zahlen in ihre einzelnen Stellenwerte zerlegen. Im Zahlenraum bis 1 000 000 bleibt die Tabelle vom Prinzip gleich, sie erweitert sich nur um folgende Stellenwerte:

M	HT	ZT	T	H	Z	E

Die einzelnen Stellenwerte heißen:
Millionen (M), Hunderttausender (HT), Zehntausender (ZT), Tausender (T), Hunderter (H), Zehner (Z) und Einer (E).

1 Schreibe die zerlegte Zahl auf.

	M	HT	ZT	T	H	Z	E	Zahl
a			1	2	1	1	1	12 111
b		4	1	0	3	0	1	
c		5	0	5	1	0	3	
d	1	0	0	0	0	0	0	
e	1	0	0	2	0	0	3	

2 Du darfst ein Plättchen in die Hunderterspalte dazulegen.

a Zeichne die neue Zahl in die freie Spalte.

M	HT	ZT	T	H	Z	E	Zahl
	●	●●	●●●	●●●●●●●●●	●●		123 920

b Was musst du dabei beachten? Beschreibe.

2 Zum Teil sind mehrere Lösungen möglich.

3 Zerlege die Zahl in ihre einzelnen Stellenwerte.

a 250 653 2 HT 5 ZT 0 T 6 H 5 Z 3 E

b 900 612 ______________________

c 303 303 ______________________

4 Zerlege in den angegebenen Stellenwert.

a Wie viele Einer hat ein Tausender? ________ Einer

b Wie viele Zehner hat ein Tausender? ________ Zehner

c Wie viele Hunderttausender hat eine Million? ________ Hunderttausender

d Wie bist du vorgegangen? Beschreibe anhand von **Teilaufgabe b**.

____

____

____

5 Findest du die Geheimzahl in der Schatztruhe heraus? Schreibe sie auf.

a

603 002

b

____

c

____

d

____

e

____

f
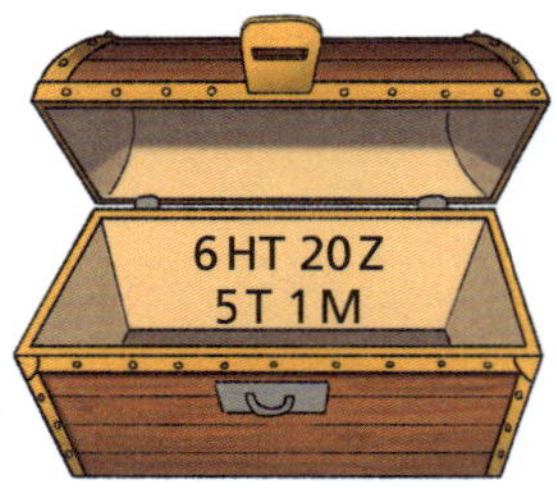

____

Ich kann jetzt …	✓
… richtig bündeln.	○
… Zahlen in die Stellenwerttafel eintragen.	○
… die einzelnen Stellenwerte richtig benennen.	○

4 Zum Teil sind mehrere Lösungen möglich.

1 Wo liegen die Zahlen? Verbinde sie mit dem Zahlenstrahl.

500 800 250 750 999 5 300

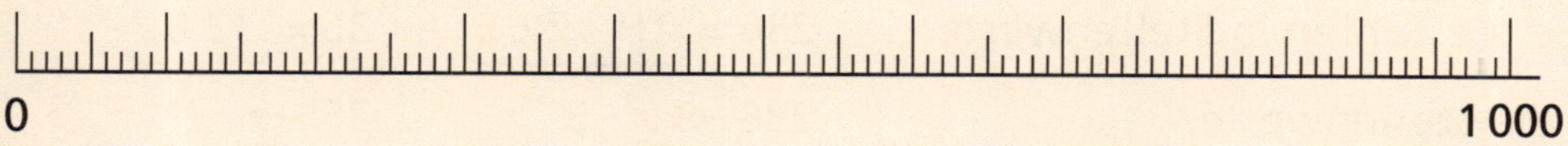

Tipp zum Lösen der Aufgabe: Merkkasten 1 „Zahlen ordnen“

2 Vergleiche die Zahlen. Ergänze die Zeichen >, < oder =.

a 43 ☐ 34	b 777 ☐ 777	c 333 ☐ 334
d 909 ☐ 909	e 505 ☐ 550	f 101 ☐ 240
g 51 ☐ 551	h 964 ☐ 946	i 93 ☐ 101

Tipp zum Lösen der Aufgabe: Merkkasten 1 „Zahlen ordnen“

3 Nummeriere die Zahlen der Größe nach. Beginne mit der kleinsten Zahl.

600 ☐	234 ☐	51 ☐	351 ☐
350 ☐	7 ☐	999 ☐	404 ☐

Tipp zum Lösen der Aufgabe: Merkkasten 1 „Zahlen ordnen“

4 Notiere Vorgänger und Nachfolger am Zahlenstrahl.

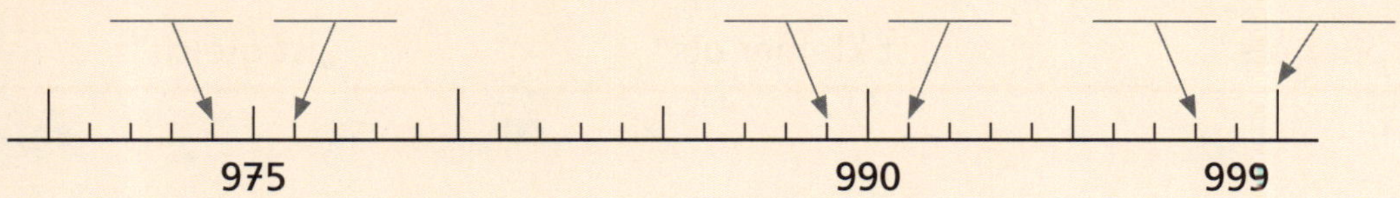

Tipp zum Lösen der Aufgabe: Merkkasten 2 „Nachbarzahlen“ a

5 Ergänze die Tabelle.

	Vorgänger			Zahl	Nachfolger		
	Nachbarhunderter	Nachbarzehner	Vorgänger		Nachfolger	Nachbarzehner	Nachbarhunderter
a				123			
b				981			
c				700			
d				563			
e				319			

Tipp zum Lösen der Aufgabe: Merkkasten 2 „Nachbarzahlen“ a und b

1 Zahlen ordnen

Du kannst Zahlen der Größe nach ordnen. Um herauszufinden, welche Zahl größer ist, gibt es zwei Möglichkeiten:

Möglichkeit 1: Zwei Zahlen mit unterschiedlich vielen Stellenwerten

Schritt 1: Zerlege die Zahlen in Stellenwerte.

Schritt 2: Zähle die Stellenwerte.

Schritt 3: Die Zahl mit mehr Stellenwerten ist größer.

236 = 2 H 3 Z 6 E 36 = 3 Z 6 E

236 → 3 36 → 2

$236 > 36$

Möglichkeit 2: Zwei Zahlen mit gleich vielen Stellenwerten

Schritt 1: Zerlege die Zahlen in Stellenwerte. Beide Zahlen haben gleich viele.

Schritt 2: Vergleiche jetzt die einzelnen Stellenwerte miteinander. Dabei kann dir eine Stellenwerttafel helfen.

Schritt 3: Schaue dir den höchsten Stellenwert an, bei dem es einen Unterschied gibt. Die Zahl mit dem größeren Stellenwert an dieser Stelle ist auch die größere Zahl.

156 = 1 H 5 Z 6 E 236 = 2 H 3 Z 6 E

156 → 3 236 → 3

H	Z	E
1	5	6
2	3	6

$1\,H < 2\,H$

$156 < 236$

236 ist größer, weil sie einen größeren Stellenwert an der Hunderterstelle hat.

In der Mathematik benutzt du folgende Zeichen, um Zahlen zu vergleichen:

$236 > 36$	$156 < 236$	$236 = 236$
„ist größer als"	„ist kleiner als"	„ist gleich"

1 Trage die Zahlen 245, 45 und 345 in die Stellenwerttafel ein. Markiere die Stellenwerte, durch die sich die Zahlen unterscheiden. Ordne sie dann der Größe nach. Beginne mit der kleinsten Zahl.

Rang	H	Z	E
___			
___			
___			

2 Vergleiche die Zahlen. Ergänze die Zeichen >, < oder =.

a 65 [>] 56 b 879 [ ] 880 c 644 [ ] 446 d 132 [ ] 132

2 Nachbarzahlen

a Vorgänger und Nachfolger

Vorgänger = die Zahl vor einer Zahl (– 1)

Nachfolger = die Zahl nach einer Zahl (+ 1)

323 ← (324 – 1) ← 324

324 → (324 + 1) → 325

3 Notiere Vorgänger und Nachfolger.

a Ergänze die Tabelle.

Vorgänger	Zahl	Nachfolger
	876	
	580	

b Was fällt dir bei dem Vorgänger der Zahl 580 auf? Beschreibe.

____

____

b Nachbarzehner und Nachbarhunderter

Nachbarzehner = die vorherige/nachfolgende Zahl mit 0 Einern

Nachbarhunderter = die vorherige/nachfolgende Zahl mit 0 Zehnern und 0 Einern

Vorgänger			Zahl	Nachfolger		
Nachbar-hunderter	Nachbar-zehner	Vorgänger		Nachfolger	Nachbar-zehner	Nachbar-hunderter
300	320	323	324	325	330	400

4 Ergänze die Tabelle.

	Vorgänger			Zahl	Nachfolger		
	Nachbar-hunderter	Nachbar-zehner	Vorgänger		Nachfolger	Nachbar-zehner	Nachbar-hunderter
a			562	563	564		
b				732			
c				212			
d				989			

3 Zum Teil sind mehrere Lösungen möglich.

Nachbarzahlen im Zahlenraum bis 1 000 000

Die Nachbarzahlen, die du bereits gelernt hast, kannst du immer weiter fortsetzen:

Nachbartausender = die vorherige/nachfolgende Zahl mit 0 Hundertern, 0 Zehnern und 0 Einern

Nachbarzehntausender = die vorherige/nachfolgende Zahl mit 0 Tausendern, 0 Hundertern, 0 Zehnern und 0 Einern

Nachbarhunderttausender = die vorherige/nachfolgende Zahl mit 0 Zehntausendern, 0 Tausendern, 0 Hundertern, 0 Zehnern und 0 Einern

Vorgänger			Zahl	Nachfolger		
Nachbarhunderttausender	Nachbarzehntausender	Nachbartausender		Nachbartausender	Nachbarzehntausender	Nachbarhunderttausender
700 000	770 000	778 000	778 329	779 000	780 000	800 000

Auch große Zahlen kannst du miteinander vergleichen:

779 000 > 778 329 „ist größer als“

778 000 < 778 329 „ist kleiner als“

778 329 = 778 329 „ist gleich“

1 Ergänze die Tabelle.

	Vorgänger			Zahl	Nachfolger		
	Nachbarhunderttausender	Nachbarzehntausender	Nachbartausender		Nachbartausender	Nachbarzehntausender	Nachbarhunderttausender
a			758 000	758 402	759 000		
b				560 897			
c				979 999			

2 Wo liegen die Zahlen? Verbinde sie mit dem Zahlenstrahl. Beantworte danach die Fragen.

250 000 400 000 155 000 499 000 101 000 350 000

a Umkreise die beiden Zahlen, die am nächsten beieinanderliegen.

b Unterstreiche die beiden Zahlen, die am weitesten voneinander entfernt sind.

3 Löse das Zahlenrätsel.

a Die gesuchte Zahl ist der Nachfolger der Zahl 324450.

Lösung: ____________

b Die gesuchte Zahl ist der Vorgänger der Zahl 830000.

Lösung: ____________

c Die gesuchte Zahl hat mit ihrem Vorgänger keinen gemeinsamen Stellenwert.

Lösung: ____________

4 Wie heißen die Nachbarzehntausender? Ergänze die Tabelle.

	Nachbarzehntausender	Zahl	Nachbarzehntausender
a	60000	60938	70000
b		558540	
c		942999	
d		423222	

5 Trage die Zahlen 87550, 887550 und 86550 in die Stellenwerttafel ein. Markiere die Stellenwerte, durch die sich die Zahlen unterscheiden. Ordne sie dann der Größe nach. Beginne mit der kleinsten Zahl.

Rang	HT	ZT	T	H	Z	E
____						
____						
____						

6 Vergleiche die Zahlen. Ergänze die Zeichen >, < oder =.

a 654899 [>] 345899

b 879489 [ ] 879489

c 101101 [ ] 110101

d 452648 [ ] 452648

e 311063 [ ] 311163

f 997621 [ ] 895125

7 Welche Ziffern kannst du einsetzen? Notiere mindestens vier Möglichkeiten.

a 46599▢ < 465999

b 3▢9870 > 339870

____________________ ____________________

3 Zum Teil sind mehrere Lösungen möglich.

7 Mehrere Lösungen sind möglich.

8 Mia möchte wissen, wie viele Menschen in deutschen Großstädten den Film „Tessa Tinte und der Schatz am Meeresgrund" im Kino gesehen haben.

a Ordne die Anzahlen der Größe nach. Beginne mit der größten Anzahl.

b Wie heißt der vorangehende Nachbarhunderttausender? Ergänze die Tabelle.

Rang	Stadt	Anzahl Menschen	Nachbarhunderttausender
	Berlin	1 351 519	1 300 000
	Dresden	633 976	
	Essen	516 353	
	Frankfurt	473 497	
	Hamburg	1 174 933	

c Trage die Zahlen der Spalte „Nachbarhunderttausender" aus **Teilaufgabe b** ein und verbinde sie mit dem Zahlenstrahl.

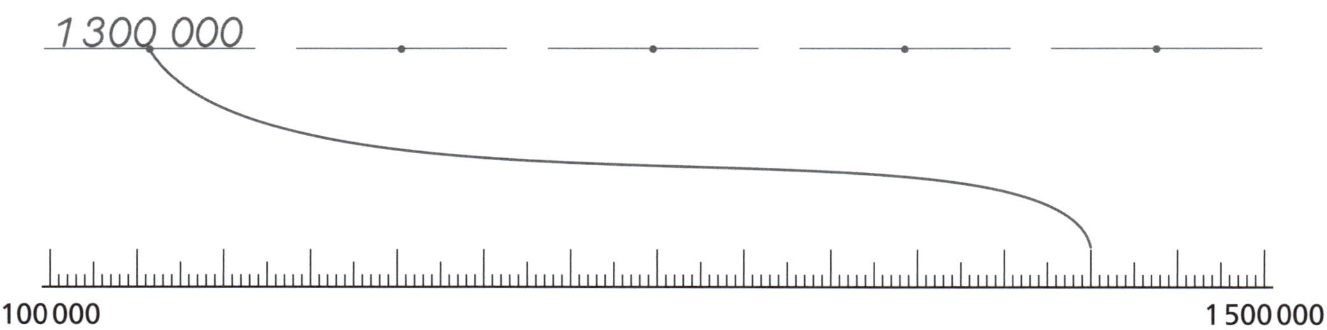

Ich kann jetzt …	✓
… Zahlen der Größe nach ordnen.	◯
… die Zeichen >, < und = richtig verwenden.	◯
… Vorgänger und Nachfolger einer Zahl bestimmen.	◯
… Nachbarzehner, -hunderter, -tausender, -zehntausender und -hunderttausender einer Zahl bestimmen.	◯

1 Umkreise alle Zahlen, die du auf 550 abrunden kannst.

554 551 559 557 552 558

Tipp
zum Lösen der Aufgabe: Merkkasten 1 „Runden" a und b

2 Umkreise alle Zahlen, die du auf 990 aufrunden kannst.

981 989 983 988 987 980

Tipp
zum Lösen der Aufgabe: Merkkasten 1 „Runden" a und b

3 Wurde hier richtig gerundet? Entscheide: richtig ✓ oder falsch ✗?
Streiche das falsche Ergebnis durch und schreibe die richtige Lösung auf die Zeile dahinter.

a $52 \approx 50$ ◯ ________ b $649 \approx 650$ ◯ ________

c $649 \approx 700$ ◯ ________ d $215 \approx 210$ ◯ ________

Tipp
zum Lösen der Aufgabe: Merkkasten 1 „Runden" a und b

4 Runde die Zahlen auf die angegebene Stelle. Ergänze die Tabelle.

	Zahl	85	341	990	565
a	gerundet auf Zehner				
b	gerundet auf Hunderter				

Tipp
zum Lösen der Aufgabe: Merkkasten 1 „Runden" a und b

5 Auf welchen Stellenwert wurde gerundet? Trage ein und markiere die Ziffer.

90 700 540

	T	H	Z	E
a				
b				
c				

Tipp
zum Lösen der Aufgabe: Merkkasten 2 „Auf einen bestimmten Stellenwert runden"

5 Zum Teil sind mehrere Lösungen möglich.

1 Runden

a Um eine Zahl runden zu können, musst du dir die Stellenwerte einer Zahl ansehen.

Schritt 1: Beim Runden unterstreichst du die Stelle, auf die gerundet werden soll. — 7̲83

Schritt 2: Anschließend umkreist du die Ziffer rechts neben der Stelle, auf die gerundet werden soll. — 7̲(8)3

Schritt 3: Die eingekreiste Ziffer entscheidet darüber, ob der Wert davor auf- oder abgerundet wird. Hierfür gibt es die Rundungsregeln.

1 Wie runde ich die Zahl 7?

a Trage die Zahl 7 am Zahlenstrahl ein.

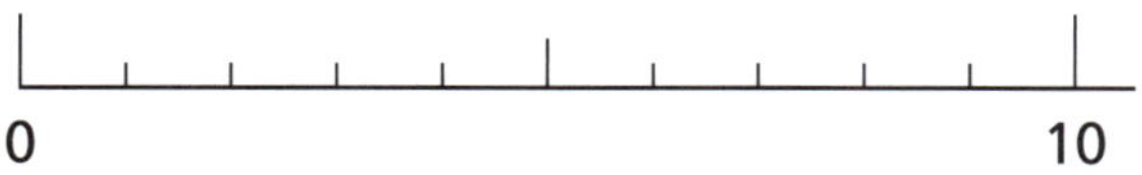

b Liegt die Zahl 7 näher an der 0 oder an der 10? Kreuze an. ◯ 0 ◯ 10

c Bei der Zahl 7 wird also ____________________ (aufgerundet/abgerundet).

2 Wie runde ich die Zahl 5?

a Trage die Zahl 5 am Zahlenstrahl ein.

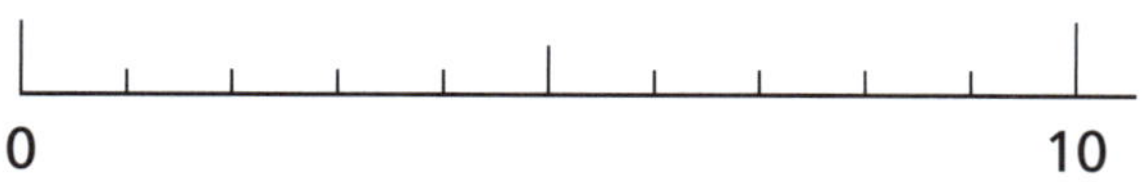

b Was ist das Besondere beim Runden der Zahl 5? Beschreibe.

____

____

____

____

____

2 Zum Teil sind mehrere Lösungen möglich.

b Rundungsregeln

Folgende Rundungsregeln musst du dir merken:
- Bei den Ziffern 0, 1, 2, 3 und 4 rundest du **ab**.
- Bei den Ziffern 5, 6, 7, 8 und 9 rundest du **auf**.

(!) ↓ 0 bis 4 ↑ 5 bis 9

Beispiel: 783 — Gerundet wird auf die unterstrichene Stelle. Die eingekreiste Stelle (Z) entscheidet darüber, ob du auf- oder abrundest:

783 ≈ 800 — Bei 8 rundest du auf.

3 Runde auf die unterstrichene Stelle.

a 42 ≈ 40 ______ b 88 ≈ ______ c 75 ≈ ______

d 238 ≈ ______ e 769 ≈ ______ f 905 ≈ ______

g 440 ≈ ______ h 999 ≈ ______ i 835 ≈ ______

2 Auf einen bestimmten Stellenwert runden

Um zu erkennen, auf welchen Stellenwert eine Zahl gerundet wurde, musst du dir die Zahl genau anschauen. Du erkennst den Stellenwert, auf den gerundet wurde daran, dass alle Stellenwerte danach den **Wert 0** haben.

Beispiel: 237
≈ 230: Es wurde auf den Zehner gerundet – die Stellenwerte sind: 2 3 **0**.
≈ 200: Es wurde auf den Hunderter gerundet – die Stellenwerte sind: 2 **0 0**.

4 Auf welchen Stellenwert wurde gerundet? Trage ein und markiere die Ziffer.

a 20 540 800

T	H	Z	E

b Bei der Zahl 800 gibt es zwei Möglichkeiten, auf welchen Stellenwert gerundet wurde. Begründe und nenne je ein Beispiel.

______

______

______

4 Zum Teil sind mehrere Lösungen möglich.

Rundungsregeln im Zahlenraum bis 1 000 000

Mit gerundeten Zahlen kannst du einfacher und schneller rechnen und auch deine Ergebnisse überprüfen. Auch im Zahlenraum bis 1 000 000 bleiben die Rundungsregeln gleich, nur die Zahlen werden länger.

- Beim Runden auf **Tausender** betrachtest du nur die Hunderterstelle: 78 930 ≈ 79 000 (aufrunden)
- Beim Runden auf **Zehntausender** betrachtest du nur die Tausenderstelle: 353 848 ≈ 350 000 (abrunden)
- Beim Runden auf **Hunderttausender** betrachtest du nur die Zehntausenderstelle: 579 758 ≈ 600 000 (aufrunden)

1 Wurde hier richtig gerundet? Entscheide: richtig ✓ oder falsch ✗?
Streiche das falsche Ergebnis durch und schreibe die richtige Lösung auf die Zeile dahinter.

a 2 932 ≈ 2 940 ⊗ 2 930

b 5 085 ≈ 5 090 ○ ____

c 5 555 ≈ 5 500 ○ ____

d 88 902 ≈ 88 000 ○ ____

e 803 450 ≈ 800 000 ○ ____

f 999 999 ≈ 1 000 000 ○ ____

2 Schaue dir **Teilaufgabe f** aus **Aufgabe 1** genau an. Worauf musst du hier besonders achten? Beschreibe.

______

______

______

______

______

3 Runde die Zahl auf die angegebene Stelle. Ergänze die Tabelle.

	Zahl	HT	ZT	T	H
a	465 890	500 000	470 000	466 000	465 900
b	301 350				
c	888 888				
d	720 006				

2 Mehrere Lösungen sind möglich.

4 Runde die Sitzplatzkapazitäten der Fußballstadien. Verwende das Rundungszeichen.

a Markiere die Hunderterstelle. Runde dann auf **Tausender**.

Olympiastadion (Berlin): 74 475 ≈ 74 000

Allianz Arena (München): 75 024 ______

b Markiere die Tausenderstelle. Runde dann auf **Zehntausender**.

Max-Morlock-Stadion (Nürnberg): 50 000 ______

Veltins-Arena (Gelsenkirchen): 62 271 ______

c Markiere die Zehntausenderstelle. Runde dann auf **Hunderttausender**.

Camp Nou (Barcelona): _99 354 ______

Melbourne Cricket Ground (Melbourne): 100 024 ______

5 Manche Insektenarten leben in großen Staaten zusammen.
Runde die Anzahlen auf den jeweils größten Stellenwert der Zahl.

2 974 801 Termiten in einem Bau ≈ ______ Termiten

253 564 Ameisen in einem Ameisenhügel ≈ ______ Ameisen

54 791 Bienen in einem Bienenstock ≈ ______ Bienen

Ich kann jetzt …	✓
… die Rundungsregeln richtig anwenden.	○
… das Rundungszeichen richtig verwenden.	○
… erkennen, auf welchen Stellenwert gerundet wurde.	○

Fachbegriffe der Addition

In der Mathematik benutzt du eine besondere Sprache. Das ist die **Fachsprache**.

Ab jetzt benutzen wir folgende **Fachbegriffe**:

Additionsaufgabe:

1. Summand	+	2. Summand	=	Summe
550	+	200	=	750

Bei einer Additionsaufgabe werden mindestens zwei Zahlen miteinander **addiert**:

- Die erste Zahl heißt **erster Summand**.
- Die zweite Zahl heißt **zweiter Summand**.
- Das Ergebnis heißt **Summe**.

2. Summand ↓
550 + 200 = 750 ← Additionsaufgabe
↑ 1. Summand ↑ Summe

(!) Du erkennst die Additionsaufgabe an dem **Pluszeichen** (+).

1 Finde sechs Fachbegriffe zum Thema „Addition" im Wortsuchrätsel (vertikal, horizontal).

a Male die Wörter bunt an.

W	X	X	M	N	E	K	F	N	A	D	D	I	E	R	E	N	I	Z	C	R	O	F	S
P	D	C	B	L	L	M	G	I	Q	N	H	W	W	Q	Y	R	X	G	U	S	X	U	U
C	X	S	L	U	K	O	Q	C	P	J	N	U	A	S	R	A	F	M	O	L	M	R	M
J	H	U	C	S	U	M	M	E	Y	Z	S	C	G	K	Z	L	U	Q	S	J	K	A	M
N	L	M	L	V	I	P	Q	P	L	X	X	M	G	X	V	B	X	X	E	N	C	L	A
Y	Q	M	V	C	A	D	D	I	T	I	O	N	S	A	U	F	G	A	B	E	V	B	N
G	O	A	I	P	L	U	S	Z	E	I	C	H	E	N	V	Z	W	V	X	E	L	F	D
E	K	N	J	L	W	B	T	K	B	Y	Q	U	G	M	Z	X	G	C	S	V	J	Z	I
J	I	D	W	C	D	V	C	U	V	R	Z	Q	J	R	L	U	X	F	L	X	K	X	Y

b Notiere die sechs Fachbegriffe zur Addition aus dem Wortsuchrätsel von **Teilaufgabe a**.

Ich kann jetzt …	✓
… die Fachbegriffe der Addition richtig benennen.	○

1 Rechne die Aufgabe aus.

a 400 + 200 = ______ 50 + 30 = ______ 1 + 7 = ______

b 2 + 5 = ______ 40 + 20 = ______ 800 + 100 = ______

c 500 + 400 = ______ 10 + 30 = ______ 6 + 2 = ______

d 8 + 1 = ______ 10 + 10 = ______ 300 + 400 = ______

Tipp
zum Lösen der Aufgabe: Merkkasten 1 „Halbschriftliche Addition" b

2 Rechne die Aufgabe halbschriftlich aus und schreibe deinen Rechenweg auf.

a 3 4 8 + 2 3 1 =

b 1 0 9 + 2 5 0 =

Tipp
zum Lösen der Aufgabe: Merkkasten 1 „Halbschriftliche Addition" b

3 Rechne die Aufgabe halbschriftlich aus und schreibe deinen Rechenweg auf.

a 3 4 8 + 2 7 3 =

b 1 0 9 + 2 3 5 =

Tipp
zum Lösen der Aufgabe: Merkkasten 1 „Halbschriftliche Addition" c

4 Welche Rechenwege der halbschriftlichen Addition kennst du? Beschreibe zwei.

1) ____

____

____

2) ____

____

____

Tipp
zum Lösen der Aufgabe: Merkkasten 1 „Halbschriftliche Addition" a, b und c

2–4 Mehrere Lösungen sind möglich.

1 Halbschriftliche Addition

a Um Plusaufgaben mit und ohne Zehnerübergang zu lösen, gibt es verschiedene **Rechenwege**. Zwei davon sind:

- **Rechenweg 1**: Addieren einzelner Stellenwerte beider Summanden und Zusammenrechnen der Ergebnisse
- **Rechenweg 2**: Addieren der Stellenwerte von Summand 2 zu Summand 1

1 Finde die Lösung der Geheimschrift. Rechne die Aufgabe aus.

448	+	271	=	
□□□□	+	□□	=	______
IIII	+	IIIII II	=	______
....	+	.	=	______

2 Wie funktioniert die Geheimschrift? Gibt es eine Stelle, bei der du besonders aufpassen musst? Beschreibe.

______

______

______

______

b **Rechenweg 1**: Addieren einzelner Stellenwerte beider Summanden und Zusammenrechnen der Ergebnisse

Schritt 1: Zerlege jede Zahl in ihre einzelnen Stellenwerte.

Schritt 2: Rechne die einzelnen Stellenwerte zusammen.

	352 + 263 = 615	
Hunderter:	300 + 200 = 500	
Zehner:	50 + 60 = 110	500 + 110 + 5 = 615
Einer:	2 + 3 = 5	

Schritt 3: Rechne im Kopf die drei einzelnen Ergebnisse zusammen.

Schritt 4: Notiere das Ergebnis oben hinter der Aufgabe.

1 Zum Teil sind mehrere Lösungen möglich.
2 Mehrere Lösungen sind möglich.

3 Rechne die Aufgabe halbschriftlich aus. Wende **Rechenweg 1** an.

a

521 + 197 =

500 + 100 =
20 + 90 =
1 + 7 =

b

423 + 136 =

4 Schaue dir die Rechnungen genau an.

a Kreise die Aufgaben mit Zehnerübergang ein. Markiere die Stellenwerte, bei denen der Zehnerübergang vorkommt.

516 + 231 = ______ 782 + 157 = ______ 241 + 325 = ______

348 + 314 = ______ 742 + 257 = ______ 420 + 471 = ______

b Löse alle Rechnungen ohne Zehnerübergang aus **Teilaufgabe a** im Kopf, indem du die einzelnen Schritte rechnest und das Ergebnis gleich mitnotierst.

c Rechne die Aufgaben mit Zehnerübergang halbschriftlich aus. Wende **Rechenweg 1** an. Trage die Ergebnisse oben ein.

c **Rechenweg 2:** Addieren der Stellenwerte von Summand 2 zu Summand 1

Bei diesem Rechenweg werden die einzelnen Stellenwerte von Summand 2 schrittweise zu Summand 1 dazugerechnet. Du kannst mit den Einern oder Hundertern beginnen.

352 + 263 = 615

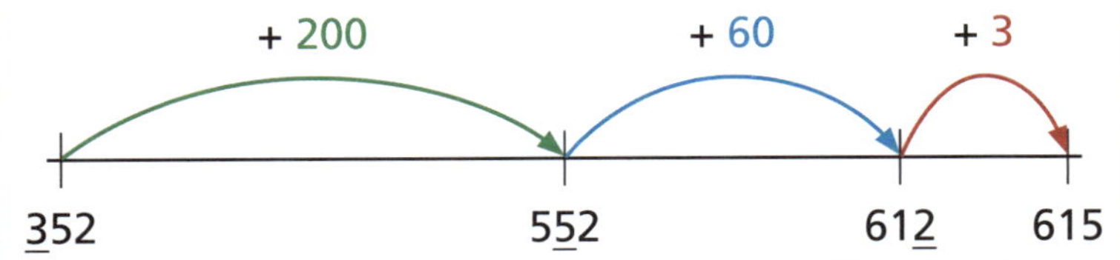

		352 + 263 = 615
Schritt 1:	Hunderter:	352 + 200 = 552
Schritt 2:	Zehner:	552 + 60 = 612
Schritt 3:	Einer:	612 + 3 = 615

Schritt 4: Notiere das Ergebnis oben hinter der Aufgabe.

5 Rechne und notiere die einzelnen Schritte am Rechenstrich. Beginne hier mit den Einern.

423 + 541 = ______

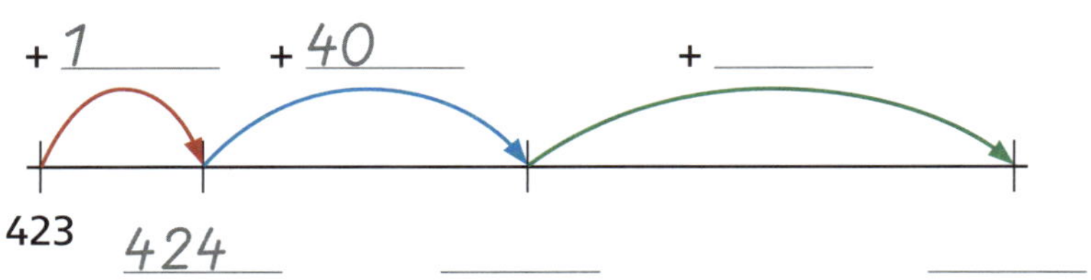

6 Rechne die Aufgabe halbschriftlich aus. Wende **Rechenweg 2** an.

a 153 + 532 =

153 + 500 =

653 + 30 =

683 + 2 =

b 572 + 141 =

c 485 + 336 =

485 + 6 =

d 202 + 789 =

 6 Zum Teil sind mehrere Lösungen möglich.

Halbschriftliche Addition im Zahlenraum bis 1 000 000

Beide Rechenwege kannst du auch im Zahlenraum bis 1 000 000 anwenden.
Die einzelnen Rechnungen werden länger, du gehst aber ganz genauso vor.

1 Welcher Rechenweg fällt dir leichter? Rechne die Aufgabe auf diese Weise aus.

356 423 + 135 921 = ______________

2 Finde und markiere die Fehler. Schreibe die Aufgabe richtig daneben und rechne halbschriftlich.

602 103 + 40 737 = 640 130

602 103 + 40 000 = 642 103

642 103 + 7 000 = 649 103

640 103 + 30 = 640 133

640 133 + 7 = 640 130

Ich kann jetzt …	✓
… halbschriftlich addieren, indem ich Rechenweg 1 anwende.	○
… halbschriftlich addieren, indem ich Rechenweg 2 anwende.	○
… im Zahlenraum bis 1 000 000 halbschriftlich addieren.	○

1 Mehrere Lösungen sind möglich.

1 Rechne die Aufgabe schriftlich aus.

a 164 + 523 = ______ b 752 + 222 = ______ c 302 + 45 = ______

Tipp zum Lösen der Aufgabe: Merkkasten 1 „Schriftliche Addition" a

2 Rechne die Aufgabe schriftlich aus.

a 348 + 271 = ______ b 129 + 101 = ______ c 76 + 135 = ______

Tipp zum Lösen der Aufgabe: Merkkasten 1 „Schriftliche Addition" b

3 Finde und markiere den Fehler. Schreibe die Aufgabe richtig daneben und rechne schriftlich.

a 348 + 75 = ______

		3	4	8
+		7	5	
	1			
	1	0	9	8

b 209 + 135 = ______

		2	0	9
+		1	3	5
		3	3	4

Tipp zum Lösen der Aufgabe: Merkkasten 2 „Fehler finden" a und b

4 Finde die fehlenden Ziffern. Schreibe die Aufgabe richtig daneben und rechne schriftlich.

a

		6	8
+	7	1	
	9	7	8

b

	5		
+		5	9
	7	0	9

Tipp zum Lösen der Aufgabe: Merkkasten 2 „Fehler finden" a und b

1 Schriftliche Addition

a ... ohne Zehnerübergang

Bei der schriftlichen Addition rechnest du die Stellenwerte einzeln zusammen.
Dabei beginnst du immer mit den Einern.

1

	H	Z	E
	8	6	2
+	1	3	4
			6

2

	H	Z	E
	8	6	2
+	1	3	4
		9	6

3

	H	Z	E
	8	6	2
+	1	3	4
	9	9	6

1 Addiere die Stellenwerte einzeln. Trage die Ergebnisse in die Stellenwerttafel ein.

365 + 453 = ____________________

Einer: 5E + 3E = 8E

Zehner: ____________________

Hunderter: ____________________

T	H	Z	E

2 Was fällt dir bei der gelb markierten Spalte aus **Aufgabe 1** auf? Beschreibe.

____

____

3 Bündele die Zahl.

a 11 E = 1Z 1E

b 13 Z = ______

c 27 Z = ______

b ... mit Zehnerübergang

Entsteht beim Addieren in einer Spalte eine zweistellige Zahl, musst du bündeln.
Du notierst den Übertrag als kleine Zahl in der nächsten Spalte über dem Summenstrich.
Der Übertrag wird dann zu den anderen Ziffern in der Spalte addiert.

1

	T	H	Z	E
		8	6	8
+		1	7	8
			1	
				6

2

	T	H	Z	E
		8	6	8
+		1	7	8
		1	1	
			4	6

3

	T	H	Z	E
		8	6	8
+		1	7	8
	1	1	1	
		0	4	6

4

	T	H	Z	E
		8	6	8
+		1	7	8
	1	1	1	
	1	0	4	6

1 Zum Teil sind mehrere Lösungen möglich.
2 Mehrere Lösungen sind möglich.

2 Fehler finden

a Bei der schriftlichen Addition gibt es einige Regeln, die dir bei der Berechnung des richtigen Ergebnisses helfen.

4 Welchen Fehler beim Notieren der Summanden kannst du hier entdecken?
Markiere den Fehler, schreibe die Aufgabe richtig auf und rechne schriftlich.

		6	6	3	3
+		6	3		
	1				
	1	2	9	3	3

Berichtigung

Regel 1: ______________________________

____

5 Welchen Fehler beim Ausrechnen kannst du hier entdecken?
Markiere den Fehler, schreibe die Aufgabe richtig auf und rechne schriftlich.

		7	5	2	3
+			3	9	3
		7	8	1	6

Berichtigung

Regel 2: ______________________________

____

____

b **Rechenregeln**

Um eine Aufgabe zu kontrollieren und Fehler zu finden, rechnest du die Aufgabe noch einmal nach und achtest dabei auf die Einhaltung der Rechenregeln:

- **Regel 1**: Stellengerechte Schreibweise
- **Regel 2**: Richtige Notation und Addition des Übertrags
- **Regel 3**: Richtige Addition

4, 5 Zum Teil sind mehrere Lösungen möglich.

Schriftliche Addition im Zahlenraum bis 1 000 000

Bei der schriftlichen Addition im Zahlenraum bis 1 000 000 gehst du genau gleich vor. Gibt es mehr als zwei Summanden, schreibst du sie stellengerecht untereinander und addierst stellenweise.

	M	HT	ZT	T	H	Z	E
		2	1	1	9	5	3
		8	2	4	1	7	4
+			5	3	0	2	1
	1			1	1		
	1	0	8	9	1	4	8

(!) Denke an den Übertrag, wenn das Ergebnis einer Teilrechnung zweistellig ist.

1 Rechne die Aufgabe schriftlich aus.

a 532 + 33 081 + 43 = ________

				5	3	2
		3	3	0	8	1
+					4	3

b 3 026 + 66 + 428 = ________

2 Löse die Sachaufgabe. Rechne die Aufgabe schriftlich aus.

Der Schulhof der Westschule in Gießen wird renoviert und erhält neue Spielgeräte. Das Klettergerüst kostet 24 532 €, die Tischtennisplatte 960 € und der Sandkasten 2 986 €.

Frage: Wie viel kosten die Spielgeräte zusammen?

Rechnung:

Antwort: ________________________________

3 Finde und markiere die Fehler. Schreibe die Aufgabe richtig daneben und rechne schriftlich.

		3	4	8	7	0
		7	4	0	5	7
+				5	0	0
				1		
	1	0	8	3	2	7

4 Finde die fehlenden Ziffern. Schreibe die Aufgabe richtig daneben und rechne schriftlich.

	6	5		8	3	
		2	3	4	5	6
+			2		1	3
			1		1	
	7	7	9	8	0	0

5 Bilde mit den Ziffern von 0–9 zwei fünfstellige Summanden, sodass du bei der Addition einmal die größte und einmal die kleinste Summe erhältst. Du darfst jede Ziffer pro Teilaufgabe nur einmal verwenden.

a Die größte Summe ist: ____________.

b Die kleinste Summe ist: ____________.

Ich kann jetzt …	✓
… mehrere Summanden stellengerecht untereinanderschreiben.	○
… schriftlich mit und ohne Übertrag addieren.	○
… Fehler in schriftlichen Additionsaufgaben finden und berichtigen.	○
… fehlende Ziffern in schriftlichen Additionsaufgaben finden.	○
… im Zahlenraum bis 1 000 000 schriftlich addieren.	○

Fachbegriffe der Subtraktion

Ab jetzt benutzen wir folgende **Fachbegriffe**:

Subtraktionsaufgabe:

Minuend	–	Subtrahend	=	Differenz
850	–	200	=	650

Bei einer Subtraktionsaufgabe wird mindestens eine Zahl von einer anderen Zahl **subtrahiert**:

- Die erste Zahl heißt **Minuend**.
- Die zweite Zahl heißt **Subtrahend**.
- Das Ergebnis heißt **Differenz**.

Subtrahend ↓

850 – 200 = 650 ← Subtraktionsaufgabe

↑ Minuend ↑ Differenz

(!) Du erkennst die Subtraktionsaufgabe an dem **Minuszeichen** (–) und daran, dass die größere Zahl vorne steht.

1 Finde sechs Fachbegriffe zum Thema „Subtraktion" im Wortsuchrätsel (vertikal, horizontal).

a Male die Wörter bunt an.

D	L	V	S	U	B	T	R	A	K	T	I	O	N	S	A	U	F	G	A	B	E	W	G
I	N	Z	X	Z	C	O	N	C	J	C	J	G	Y	Y	K	F	Y	L	H	G	Z	H	W
F	Z	J	M	O	K	M	I	N	U	S	Z	E	I	C	H	E	N	M	F	I	M	X	K
F	N	I	I	V	J	V	Z	P	W	Z	X	F	C	U	X	X	O	Q	K	X	G	Q	G
E	L	J	N	O	Q	G	X	Y	Q	M	S	U	B	T	R	A	H	I	E	R	E	N	P
R	Y	L	U	K	X	F	B	U	I	P	Q	H	W	B	G	M	Z	U	Z	S	M	P	R
E	U	Y	E	H	U	Y	C	G	S	T	U	Q	S	G	B	S	Y	Q	G	F	D	G	M
N	W	J	N	C	M	E	N	X	O	Z	K	N	K	S	P	K	I	Y	D	F	B	B	P
Z	I	V	D	B	Y	N	F	Z	L	G	S	U	B	T	R	A	H	E	N	D	N	J	J

b Notiere die sechs Fachbegriffe zur Subtraktion aus dem Wortsuchrätsel von **Teilaufgabe a**.

Ich kann jetzt … ✓

… die Fachbegriffe der Subtraktion richtig benennen. ○

1 Rechne die Aufgabe halbschriftlich aus.

Tipp zum Lösen der Aufgabe: Merkkasten 1 „Halbschriftliche Subtraktion" a

a	400 – 200 = ______	50 – 30 = ______	9 – 7 = ______
b	9 – 6 = ______	80 – 40 = ______	900 – 100 = ______
c	700 – 500 = ______	20 – 10 = ______	8 – 5 = ______
d	7 – 2 = ______	90 – 50 = ______	400 – 300 = ______

2 Rechne die Aufgabe halbschriftlich aus und schreibe deinen Rechenweg auf.

Tipp zum Lösen der Aufgabe: Merkkasten 1 „Halbschriftliche Subtraktion" a

a 348 – 231 =

b 129 – 103 =

3 Rechne die Aufgabe halbschriftlich aus und schreibe deinen Rechenweg auf.

Tipp zum Lösen der Aufgabe: Merkkasten 1 „Halbschriftliche Subtraktion" b

a 348 – 273 =

b 209 – 135 =

4 Welchen Rechenweg würdest du bei dieser Aufgabe wählen? Begründe.

Tipp zum Lösen der Aufgabe: Merkkasten 1 „Halbschriftliche Subtraktion" c

802 – 798 = ______

____

____

____

____

 2–4 Mehrere Lösungen sind möglich.

1 Halbschriftliche Subtraktion

a Um Minusaufgaben mit und ohne Zehnerübergang zu lösen, gibt es verschiedene **Rechenwege**. Drei davon sind:

- **Rechenweg 1** – ohne Zehnerübergang: Subtrahieren einzelner Stellenwerte von Minuend/Subtrahend und Zusammenrechnen der Ergebnisse
- **Rechenweg 2** – mit Zehnerübergang: Subtrahieren der Stellenwerte des Subtrahenden vom Minuenden
- **Rechenweg 3** – mit und ohne Zehnerübergang: Ergänzen

Rechenweg 1 – ohne Zehnerübergang: Subtrahieren einzelner Stellenwerte von Minuend/Subtrahend und Zusammenrechnen der Ergebnisse

Schritt 1: Zerlege jede Zahl in ihre einzelnen Stellenwerte.

Schritt 2: Ziehe die einzelnen Stellenwerte voneinander ab.

352 − 231 = 121

Hunderter:	300 − 200 = 100	
Zehner:	50 − 30 = 20	100 + 20 + 1 = 121
Einer:	2 − 1 = 1	

Schritt 3: Rechne im Kopf die einzelnen Ergebnisse zusammen.

Schritt 4: Notiere das Ergebnis oben hinter der Aufgabe.

1 Rechne die Aufgabe halbschriftlich aus. Wende **Rechenweg 1** an.

a 436 − 123 =

400 − 100 =

30 − 20 =

6 − 3 =

b 547 − 115 =

c 324 − 123 =

d 986 − 442 =

2 Löse die Sachaufgabe. Rechne halbschriftlich.

Die Grundschule Waldau wird von 243 Kindern besucht. Mittags fahren 132 Kinder nach Hause, der Rest geht in die Betreuung.

Frage: Wie viele Kinder bleiben in der Betreuung?

Rechnung:

Antwort: ______________________________

b **Rechenweg 2** – mit Zehnerübergang: Subtrahieren der Stellenwerte des Subtrahenden vom Minuenden

Bei diesem Rechenweg werden die einzelnen Stellenwerte des Subtrahenden schrittweise vom Minuenden abgezogen. Du kannst mit den Einern oder Hundertern beginnen.

565 – 283 = 282

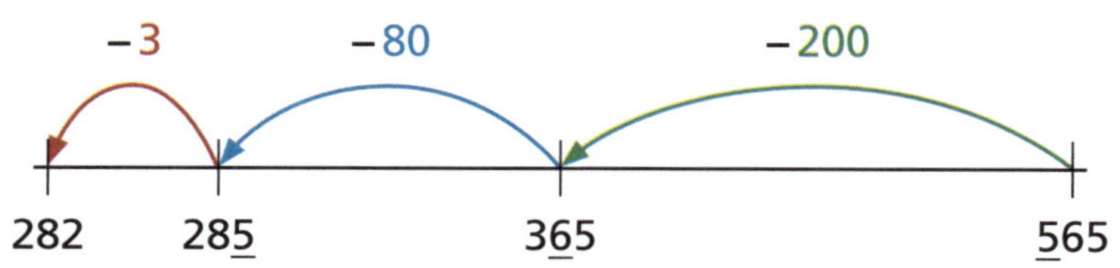

Achtung: 60 – 80 geht nicht. Hier musst du entbündeln.

		565 – 283 = 282
Schritt 1:	Hunderter:	565 – 200 = 365
Schritt 2:	Zehner:	365 – 80 = 285
Schritt 3:	Einer:	285 – 3 = 282

Schritt 4: Notiere das Ergebnis oben hinter der Aufgabe.

3 Rechne und notiere die einzelnen Schritte am Rechenstrich. Beginne hier mit den Einern.

645 – 174 = ______

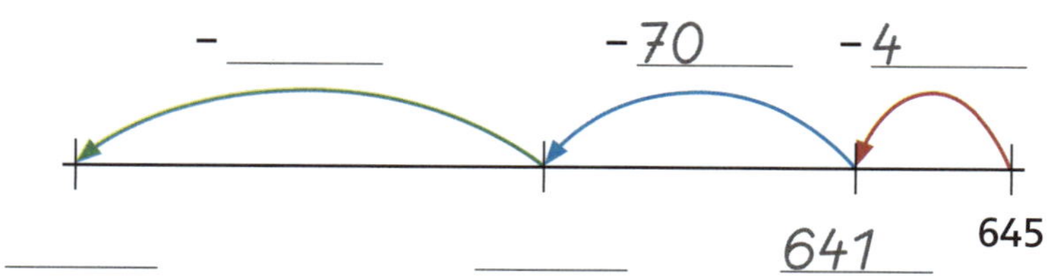

2 Zum Teil sind mehrere Lösungen möglich.

4 Rechne die Aufgabe halbschriftlich aus. Wende **Rechenweg 2** an.

a 553 – 182 =

b 572 – 113 =

c **Rechenweg 3** – mit und ohne Zehnerübergang: Ergänzen

Die Differenz errechnest du, indem du herausfindest, wie viel von der kleineren bis zur größeren Zahl fehlt.

533 – 261 = ___

Schritt 1: Fülle die fehlenden Einer bis zum nächsten Zehner auf.

Schritt 2: Fülle die fehlenden Zehner bis zum nächsten Hunderter auf.

Schritt 3: Fülle die fehlenden Hunderter auf.

Schritt 4: Fülle die fehlende Differenz auf.

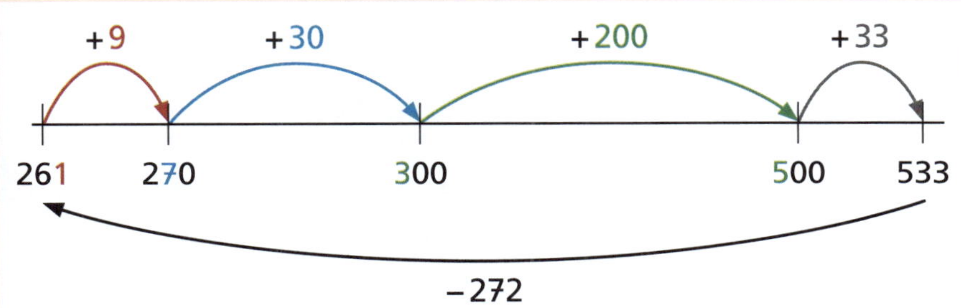

Schritt 5: Rechne im Kopf die einzelnen Schritte zusammen.

Schritt 6: Notiere das Ergebnis hinter der Aufgabe.

9 + 30 + 200 + 33 = 272

533 – 261 = 272

5 Rechne die Aufgabe halbschriftlich aus. Wende **Rechenweg 3** an.

a 564 – 235 =

235 + = 240

240 + = 300

300 + = 500

b 602 – 598 =

598 + =

= 602

Halbschriftliche Subtraktion im Zahlenraum bis 1 000 000

Die drei Rechenwege kannst du auch im Zahlenraum bis 1 000 000 anwenden.

Die einzelnen Rechnungen werden länger, du gehst aber ganz genauso vor.

1 Schaue dir die Rechnungen genau an.

a Kreise die Aufgaben mit Zehnerübergang ein. Markiere die Stellenwerte, bei denen der Zehnerübergang vorkommt.

6 002 – 5 999 7 831 – 2 510 7 532 – 5 555

b Wähle einen passenden Rechenweg. Rechne die Aufgaben halbschriftlich aus.

6 002 – 5 999 = ________ 7 831 – 2 510 = ________ 7 532 – 5 555 = ________

Rechenweg: _____ Rechenweg: _____ Rechenweg: _____

1 Zum Teil sind mehrere Lösungen möglich.

2 Löse die Sachaufgabe.

Für einen Faschingsumzug werden 123 450 Bonbons auf die Wagen geladen.
Auf der ersten Hälfte der Strecke wurden schon 61 670 Bonbons in die Menge geworfen.

a Rechne die Aufgabe halbschriftlich aus.

Frage: Wie viele Bonbons können auf der zweiten Hälfte der Strecke noch geworfen werden?

Rechnung:

Antwort: ______________________________

____

b Rechne die Aufgabe halbschriftlich aus, indem du ergänzt.

Frage: Wie viele Bonbons mehr können auf der zweiten Hälfte geworfen werden?

Rechnung:

Antwort: ______________________________

____

Ich kann jetzt …	✓
… halbschriftlich subtrahieren, indem ich Rechenweg 1 anwende.	◯
… halbschriftlich subtrahieren, indem ich Rechenweg 2 anwende.	◯
… halbschriftlich subtrahieren, indem ich Rechenweg 3 anwende.	◯
… im Zahlenraum bis 1 000 000 halbschriftlich subtrahieren.	◯

2 Zum Teil sind mehrere Lösungen möglich.

1 Rechne die Aufgabe schriftlich aus.

a 542 – 431 = ______ **b** 765 – 222 = ______ **c** 978 – 45 = ______

Tipp zum Lösen der Aufgabe: Merkkasten 1 „Schriftliche Subtraktion“ a

2 Rechne die Aufgabe schriftlich aus.

a 549 – 262 = ______ **b** 161 – 107 = ______ **c** 535 – 87 = ______

Tipp zum Lösen der Aufgabe: Merkkasten 1 „Schriftliche Subtraktion“ b

3 Finde und markiere die Fehler. Schreibe die Aufgabe richtig daneben und rechne schriftlich.

a 867 – 75 = ______

	8	6	7
–	7	5	
	1	1	7

b 319 – 237 = ______

	3	1	9
–	2	3	7
	1	2	2

Tipp zum Lösen der Aufgabe: Merkkasten 2 „Fehler finden“ a und b

4 Finde die fehlenden Ziffern. Schreibe die Aufgabe richtig daneben und rechne schriftlich.

a

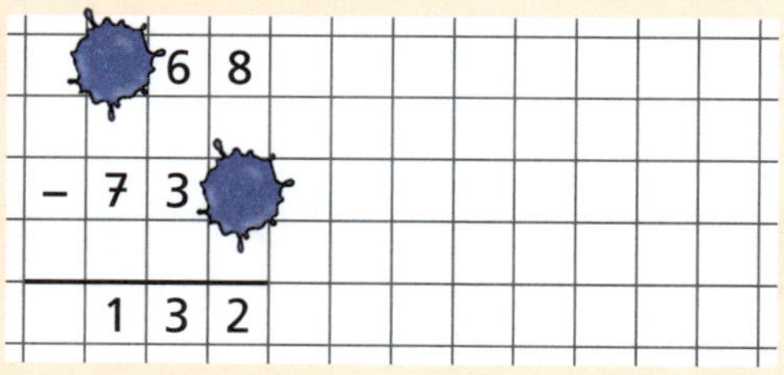

b

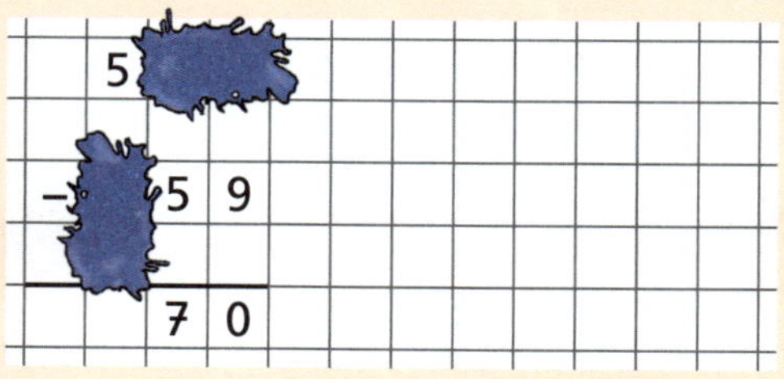

Tipp zum Lösen der Aufgabe: Merkkasten 2 „Fehler finden“ a und b

1 Schriftliche Subtraktion

a ... ohne Zehnerübergang

Bei der schriftlichen Subtraktion ziehst du die einzelnen Stellenwerte voneinander ab. Dabei beginnst du immer mit den Einern.

1

	H	Z	E
	9	6	5
–	1	2	4
			1

2

	H	Z	E
	9	6	5
–	1	2	4
		4	1

3

	H	Z	E
	9	6	5
–	1	2	4
	8	4	1

1 Stelle die Subtraktion dar. Rechne die Aufgabe schriftlich aus.

a 462 – 121 → Einer:
Zehner:
Hunderter:

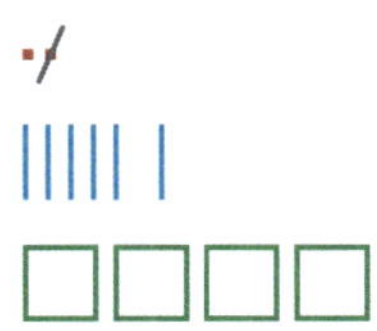

	4	6	2
–	1	2	1
			1

b 29~~7~~ – 15~~7~~ → Einer:
Zehner:
Hunderter:

b ... mit Zehnerübergang

Schritt 1: Wenn der Minuend kleiner ist als der Subtrahend, erweiterst du den Minuenden so, dass du den Subtrahenden abziehen kannst.

2 – 9 geht nicht
12 – 9 = 3

Schritt 2: Notiere den Übertrag als kleine Zahl in der nächsten Spalte über dem Rechenstrich. Die Höhe des Übertrags hängt davon ab, um wie viel du vorher erweitert hast (im Beispiel: 1).

Schritt 3: Addiere den Übertrag immer zum Subtrahenden in der Spalte.

1

	H	Z	E
	5	5	2
–	1	~~7~~	9
		1	
			3

2

	H	Z	E
	5	5	2
–	1	~~7~~	9
	1	1	
		~~7~~	3

3

	H	Z	E
	5	5	2
–	1	~~7~~	9
	1	1	
	3	~~7~~	3

2 Rechne die Aufgabe schriftlich aus. Markiere die Spalten, in denen ein Übertrag nötig ist.

a 645 – 471 = 174

	6	4	5
–	4	7	1
	1		
	1	7	4

b 654 – 421 = ______

	6	5	4
–	4	2	1

c 291 – 146 = ______

d 798 – 219 = ______

e 975 – 864 = ______

f 525 – 170 = ______

3 Schaue dir die Aufgaben genau an.

a Markiere die Spalten, in denen ein Übertrag nötig ist, ohne die Aufgaben vorher auszurechnen.

	5	7	2
–	4	1	5

	8	2	4
–	6	4	1

	7	4	2
–	2	6	4

b Woran hast du die Spalten erkannt? Beschreibe.

______

______

c Rechne die Aufgaben jetzt schriftlich aus.

	5	7	2
–	4	1	5

	8	2	4
–	6	4	1

	7	4	2
–	2	6	4

3 Zum Teil sind mehrere Lösungen möglich.

2 Fehler finden

a Bei der schriftlichen Subtraktion gibt es einige Regeln, die dir bei der Berechnung des richtigen Ergebnisses helfen.

4 Welchen Fehler beim Notieren des Minuenden und Subtrahenden kannst du hier entdecken? Markiere den Fehler, schreibe die Aufgabe richtig auf und rechne schriftlich.

	8	5	6	5
–	6	3		
	2	2	6	5

Berichtigung

Regel 1: ______________________________

____

5 Welchen Fehler beim Ausrechnen kannst du hier entdecken?
Markiere den Fehler, schreibe die Aufgabe richtig auf und rechne schriftlich.

	7	5	2	3
–		3	9	3
	7	2	3	0

Berichtigung

Regel 2: ______________________________

____

____

b **Rechenregeln**

Um eine Aufgabe zu kontrollieren und Fehler zu finden, rechnest du die Aufgabe noch einmal nach und achtest dabei auf die Einhaltung der Rechenregeln:

- **Regel 1:** Stellengerechte Schreibweise
- **Regel 2:** Richtige Notation und Addition des Übertrags
- **Regel 3:** Richtige Subtraktion

4, 5 Zum Teil sind mehrere Lösungen möglich.

Schriftliche Subtraktion im Zahlenraum bis 1 000 000

Schritt 1: Schreibe den Minuenden und alle Subtrahenden stellengerecht untereinander und rechne stellenweise.

Schritt 2: Addiere erst die Stellenwerte aller Subtrahenden und ziehe sie dann vom Stellenwert des Minuenden ab. Beginne immer mit den Einern.

4 + 3 = 7
3 – 7 geht nicht

Schritt 3: Erweitere die Einerstelle des Minuenden so, dass du die Subtrahenden davon abziehen kannst.
Schreibe den Übertrag in die nächste Spalte auf den Rechenstrich (im Beispiel: 1).

13 – 7 = 6

Schritt 4: Wenn in einer Spalte die Summe der Subtrahenden sehr groß ist, kann es sein, dass du einen größeren Übertrag notieren musst (im Beispiel: 2).

9 + 9 + 1 = 19
2 – 19 geht nicht
12 – 19 geht immer noch nicht
22 – 19 = 3

	M	HT	ZT	T	H	Z	E
	1	0	5	1	2	3	3
		3	2	4	9	2	4
–			1	3	9	2	3
						1	
							6

…

	M	HT	ZT	T	H	Z	E
	1	0	5	1	2	3	3
		3	2	4	9	2	4
–			1	3	9	2	3
	1		1	2	1	1	
		7	1	2	3	8	6

1 Rechne die Aufgabe schriftlich aus. Markiere die Spalten, in denen ein größerer Übertrag als 1 entsteht.

a 7 588 – 863 – 1 729 = ____________

	7	5	8	8
		8	6	3
–	1	7	2	9

b 584 563 – 190 999 – 56 648 = ____________

2 Löse die Sachaufgabe. Rechne schriftlich.

Ein Jahr mit 365 Tagen besteht insgesamt aus 525 600 Minuten. Wenn du jeden Tag durchschnittlich 9 Stunden lang schläfst, wären das im Jahr 197 100 Minuten Schlaf. Rechnen wir an etwa 100 Wochenendtagen noch jeweils 60 Minuten hinzu, erhöht sich die Schlafzeit noch einmal um 6 000 Minuten.

Frage: Wie viele Minuten im Jahr bist du etwa wach?

Rechnung:

Antwort: ______________________________

3 Finde die fehlenden Ziffern. Schreibe die Aufgabe richtig daneben und rechne schriftlich.

a

	7	4	5		5	6
	2	2		5	3	
–			6	0	0	1
	5	1	9	3		0

b

	9		6	2	3	1
		2		5	8	
–	1	5	2	1	9	4
	1		1		1	
		8	0		5	4

Ich kann jetzt ...	✓
... Minuend und Subtrahend stellengerecht untereinanderschreiben.	○
... schriftlich mit und ohne Übertrag subtrahieren.	○
... Fehler in schriftlichen Subtraktionsaufgaben finden und berichtigen.	○
... fehlende Ziffern in schriftlichen Subtraktionsaufgaben finden.	○
... im Zahlenraum bis 1 000 000 schriftlich subtrahieren.	○

Fachbegriffe der Multiplikation

Ab jetzt benutzen wir folgende **Fachbegriffe**:

Multiplikationsaufgabe:	1. Faktor	·	2. Faktor	=	Produkt
	5	·	8	=	40

Bei einer Multiplikationsaufgabe werden mindestens zwei Zahlen miteinander **multipliziert**:

- Die erste Zahl heißt **erster Faktor**.
- Die zweite Zahl heißt **zweiter Faktor**.
- Das Ergebnis heißt **Produkt**.

2. Faktor
5 · 8 = 40 ← Multiplikationsaufgabe
1. Faktor Produkt

(!) Du erkennst die Multiplikationsaufgabe an dem **Malzeichen** (·).

1 Finde sechs Fachbegriffe zum Thema „Multiplikation" im Wortsuchrätsel (vertikal, horizontal).

a Male die Wörter bunt an.

M	U	L	T	I	P	L	I	Z	I	E	R	E	N	L	V	W	G	U	N	Z	X	Z	C
O	N	C	J	M	A	L	Z	E	I	C	H	E	N	C	J	G	Y	Z	Y	J	K	F	Y
L	H	U	Z	H	W	Z	J	U	O	S	M	G	I	C	X	P	K	F	N	C	I	Y	E
J	V	Z	P	W	Z	X	F	C	U	X	X	O	Q	K	X	R	G	A	H	F	S	L	J
C	O	Q	G	X	Y	Q	M	P	Y	L	G	K	X	F	B	O	U	K	J	A	P	Q	H
W	B	G	M	Z	U	U	A	U	P	R	U	Y	S	H	Q	D	S	T	J	K	B	S	Y
N	G	W	D	G	M	W	J	T	C	M	E	N	X	O	E	U	K	O	Z	T	K	S	S
O	L	Y	D	F	B	B	P	I	V	U	B	Y	N	F	Z	K	T	R	G	O	N	J	J
G	M	U	L	T	I	P	L	I	K	A	T	I	O	N	M	T	Q	Q	M	R	K	P	Y

b Notiere die sechs Fachbegriffe zur Multiplikation aus dem Wortsuchrätsel von **Teilaufgabe a**.

Ich kann jetzt …	✓
… die Fachbegriffe der Multiplikation richtig benennen.	◯

1 Rechne die Aufgabe halbschriftlich aus und schreibe deinen Rechenweg auf.

a 3 · 73 =

b 5 · 137 =

Tipp
zum Lösen der Aufgabe: Merkkasten 1 „Halbschriftliche Multiplikation" a und b

2 Rechne die Aufgabe halbschriftlich aus und schreibe deinen Rechenweg auf.

a 32 · 2 =

b 109 · 5 =

c 27 · 4 =

d 207 · 3 =

Tipp
zum Lösen der Aufgabe: Merkkasten 1 „Halbschriftliche Multiplikation" a und b

3 Löse die Aufgabe mit dem Malkreuz.

a 12 · 62 = ____________

·	60	2	
10			
2			

b 23 · 36 = ____________

·			

c 44 · 18 = ____________

·			

d 15 · 51 = ____________

·			

Tipp
zum Lösen der Aufgabe: Merkkasten 1 „Halbschriftliche Multiplikation" a und c

1 Halbschriftliche Multiplikation

a

Es gibt Multiplikationsaufgaben …

… mit einem einstelligen Faktor.

3 · 325

… mit zwei mehrstelligen Faktoren.

53 · 14

Bei beiden Aufgabentypen ist es hilfreich, die einzelnen Stellenwerte zu betrachten.

1 Löse die Aufgabe, indem du den zweiten Faktor schrittweise zerlegst.

a Zeichne die Zerlegung und rechne.

6 · 152 = ____________________

6 · □ = ____________________

6 · ||||| = ____________________

6 · •• = ____________________

b Gibt es noch eine andere Möglichkeit, das Ergebnis der Teilrechnung **6 · 50** darzustellen? Begründe und zeichne.

____

____

____

b **Halbschriftliche Multiplikationsaufgaben mit einem einstelligen Faktor**

Schritt 1: Zerlege den mehrstelligen Faktor in seine Stellenwerte.

Schritt 2: Multipliziere jeden Stellenwert einzeln mit dem einstelligen Faktor.

3 · 325 = 975

Hunderter:	3 · 300 = 900	
Zehner:	3 · 20 = 60	900 + 60 + 15 = 975
Einer:	3 · 5 = 15	

Schritt 3: Rechne im Kopf die einzelnen Ergebnisse zusammen.

Schritt 4: Notiere das Ergebnis oben hinter der Aufgabe.

1 Mehrere Lösungen sind möglich.

c **Halbschriftliche Multiplikationsaufgaben mit zwei mehrstelligen Faktoren**

Hierbei kann dir das **Malkreuz** helfen.

Beispiel:

53 · 14 = 742

Schritt 1: Zerlege die Faktoren und notiere die einzelnen Stellenwerte außen in der Tabelle.

53 = 50 + 3
14 = 10 + 4

Schritt 2: Multipliziere die einzelnen Stellenwerte miteinander.

50 · 10 = 500
50 · 4 = 200
3 · 10 = 30
3 · 4 = 12

Schritt 3: Addiere die Zwischenprodukte in jeder Zeile und notiere die Summe rechts am Rand. Addiere ebenfalls die Zwischenprodukte in jeder Spalte und notiere die Summe unten am Rand.

500 + 200 = 700
30 + 12 = 42
500 + 30 = 530
200 + 12 = 212

Schritt 4: Addiere die Zwischenprodukte und du erhältst das Endergebnis.

700 + 42 = 742
530 + 212 = 742

·	10	4	
50	500	200	700
3	30	12	42
	530	212	742

2 Löse die Aufgabe mit dem Malkreuz.

a 46 · 21 = ________

·	20	1	
40	800		
6			

b 53 · 18 = ________

·		

c 73 · 13 = ________

·			

d 17 · 34 = ________

·			

Halbschriftliche Multiplikation im Zahlenraum bis 1 000 000

Beide Rechenwege kannst du auch im Zahlenraum bis 1 000 000 anwenden.

Die einzelnen Rechnungen werden länger, du gehst aber ganz genauso vor.

1[1] Löse die Sachaufgabe. Wie viele Minuten hat ein Jahr?

Ein Schaltjahr hat 366 Tage. Wenn du die Minutenanzahl eines Schaltjahres ausrechnen möchtest, musst du also mit 366 Tagen rechnen.

Schritt 1: Wie viele Stunden hat ein Jahr?
Rechne mit dem Malkreuz.

·				

Antwort: Ein Jahr hat ______ Stunden.

Schritt 2: Wie viele Minuten hat ein Jahr?
Rechne halbschriftlich.

Antwort: Ein Jahr hat ______ Minuten.

1 Mehrere Lösungen sind möglich.

2 Löse die Sachaufgabe. Rechne mit dem Malkreuz.

An einem Spieltag des Fußballvereins „Real Madrid" besuchen durchschnittlich 41 304 Menschen das Stadion. Jede Karte kostet durchschnittlich 96 €.

Frage: Wie viel nimmt der Verein durchschnittlich an einem Spieltag ein?

Rechnung:

Antwort: ______________________

____

Ich kann jetzt …	✓
… halbschriftlich mit einem einstelligen Faktor multiplizieren.	○
… halbschriftlich mit zwei mehrstelligen Faktoren multiplizieren	○
… im Zahlenraum bis 1 000 000 halbschriftlich multiplizieren.	○

1 Ergänze die Tabelle.

		M	HT	ZT	T	H	Z	E
a	1 · 5 =							
b	10 · 5 =							
c	100 · 5 =							
d	1 000 · 5 =							
e	10 000 · 5 =							

Tipp zum Lösen der Aufgabe: Merkkasten 1 „Malaufgaben mit großen Zahlen" a und b

2 Rechne die Aufgabe aus.

a 4 · 7 = ______ b 3 · 5 = ______ c 9 · 2 = ______

d 6 · 1 = ______ e 2 · 8 = ______ f 7 · 5 = ______

Tipp zum Lösen der Aufgabe: Merkkasten 1 „Malaufgaben mit großen Zahlen" a und b

3 Rechne die Aufgabe aus.

a 4 · 70 = ______ b 30 · 5 = ______ c 9 · 20 = ______

d 6 · 10 = ______ e 2 · 80 = ______ f 70 · 5 = ______

Tipp zum Lösen der Aufgabe: Merkkasten 1 „Malaufgaben mit großen Zahlen" a und b

4 Rechne die Aufgabe aus.

a 40 · 70 = ______ b 30 · 50 = ______ c 90 · 20 = ______

d 60 · 10 = ______ e 20 · 80 = ______ f 70 · 50 = ______

Tipp zum Lösen der Aufgabe: Merkkasten 1 „Malaufgaben mit großen Zahlen" a und b

5 Rechne die Aufgaben aus und setze fort.

a 2 · 2 = ______ b 500 000 · 1 = ______

20 · 2 = ______ 50 000 · 1 = ______

200 · 2 = ______ 5 000 · 1 = ______

______ ______

______ ______

______ ______

Tipp zum Lösen der Aufgabe: Merkkasten 1 „Malaufgaben mit großen Zahlen" a und b

1 Malaufgaben mit großen Zahlen

a Um Malaufgaben mit großen Zahlen rechnen zu können, helfen dir Aufgaben mit kleineren Zahlen.

1 Ergänze die Tabelle.

a Markiere anschließend immer die Nullen einer Zeile in beiden Tabellen.

ZT	T	H	Z	E		ZT	T	H	Z	E
				3	· 2 =					6
			3	0	· 2 =					
		3	0	0	· 2 =					
	3	0	0	0	· 2 =					
3	0	0	0	0	· 2 =					

b Was fällt dir dabei auf? Beschreibe.

____

____

2 Rechne die Aufgabe aus und setze fort.

a 2 · 4 = ____ → 2 · 40 = ____ → 2 · ____ = ____ → 2 · ____ = ____

b 9 · 1 = ____ → 9 · ____ = ____ → 9 · ____ = ____ → 9 · ____ = ____

b **Der Trick mit der Null**

Schaue dir die Aufgabe genau an. Rechne zuerst die kleine Aufgabe.

2 · 400 → **2 · 4 = 8**

Die kleine Aufgabe hilft dir beim Lösen der großen Aufgabe.
Das Ergebnis bleibt gleich, nur die Anzahl der Nullen verändert sich.

(!) Wird einer der beiden Faktoren um eine Null erweitert, erweitert sich auch das Ergebnis um eine Null. Dabei ist es egal, welcher der beiden Faktoren betroffen ist oder ob beide erweitert werden.

2 · 4 = 8
2 · 40 = 80
2 · 400 = 800

2 · 4 = 8
20 · 4 = 80
200 · 4 = 800

2 · 4 = 8
20 · 40 = 800
200 · 400 = 80000

1 Zum Teil sind mehrere Lösungen möglich.

Schriftliche Multiplikation

a Kannst du eine Aufgabe nicht durch eine kleine Aufgabe herleiten und sind die Zahlen zu groß, um sie im Kopf mal zu rechnen, musst du schriftlich multiplizieren.

Es gibt Multiplikationsaufgaben …

… mit einem einstelligen zweiten Faktor. … mit einem mehrstelligen zweiten Faktor.

164 · 5 164 · 25

Bei beiden Aufgabentypen ist es hilfreich, die einzelnen Stellenwerte zu betrachten.

Schriftliche Multiplikation mit einem einstelligen zweiten Faktor

Schritt 1: Notiere die Aufgabe und ziehe einen Strich darunter.

Schritt 2: Beginne mit der Multiplikation der einzelnen Stellenwerte.

164 · 5
820

Einer:	5 · 4 E = 20 E	(Schreibe 0 E und merke 2 Z)
Zehner:	5 · 6 Z = 30 Z	
	30 Z + 2 Z = 32 Z	(Schreibe 2 Z und merke 3 H)
Hunderter:	5 · 1 H = 5 H	
	5 H + 3 H = 8 H	(Schreibe 8 H)

1 Rechne die Aufgabe erst halbschriftlich, dann schriftlich aus.

3 · 2 3 4 =

Einer:

Zehner:

Hunderter:

2 3 4 · 3

2 Worauf musst du bei der Teilrechnung **3 · 4** achten? Beschreibe.

3 Rechne die Aufgabe schriftlich aus.

a 4 6 5 · 3
 1 3 9 5

b 7 2 7 · 4

c 1 2 2 · 5

d 3 9 8 · 6

 2 Mehrere Lösungen sind möglich.

b Schriftliche Multiplikation mit einem mehrstelligen zweiten Faktor

Schritt 1: Notiere die Aufgabe und ziehe einen Strich darunter. Beginne mit der Multiplikation von dem größten Stellenwert des 2. Faktors und den einzelnen Stellenwerten vom 1. Faktor. Notiere das erste Teilergebnis direkt unter den Stellenwert, mit dem du multipliziert hast (im Beispiel: 2).

Beispiel: 164 · 25

```
164 · 25
--------
 328
```

Schritt 2: Fülle hinten so viele Nullen auf, wie es weitere Stellenwerte beim 2. Faktor gibt.

```
164 · 25
--------
  3 280
```

Schritt 3: Beginne mit der Multiplikation von dem nächsten Stellenwert des 2. Faktors und den einzelnen Stellenwerten vom 1. Faktor. Notiere das zweite Teilergebnis unter dem ersten Teilergebnis auf Höhe des Stellenwertes, mit dem du multipliziert hast (im Beispiel: 5).

```
164 · 25
--------
  3 280
    820
```

Schritt 4: Ziehe einen Rechenstrich unter die Teilergebnisse und addiere sie schriftlich. So erhältst du das Endergebnis.

```
164 · 25
--------
  3 280
    820
   1 1
--------
  4 100
```

4 Finde die fehlenden Ziffern. Schreibe die Aufgabe richtig daneben und rechne schriftlich.

a

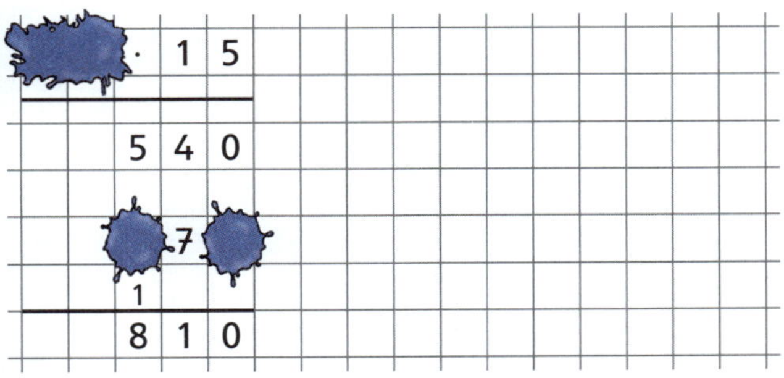

b

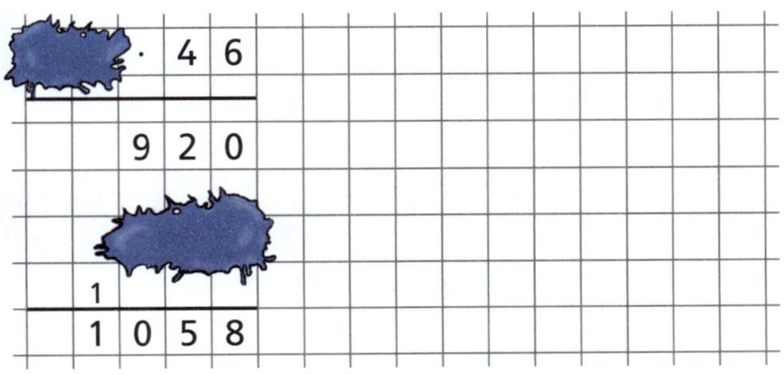

5 Rechne die Aufgabe schriftlich aus.

a 1234 · 2102 = ______________

1	2	3	4	·	2	1	0	2
		2	4	6	8	0	0	0

b 4204 · 2021 = ______________

4	2	0	4	·	2	0	2	1

6 Löse die Sachaufgabe. Rechne schriftlich.

Die Raumstation ISS legt an einem Tag rund 28 000 km innerhalb einer Stunde zurück.

Frage: Wie viele km legt die Raumstation insgesamt an einem Tag und in einer Woche zurück?

Rechnung:

Antwort: ______________________________

____

Ich kann jetzt …	✓
… Geteiltaufgaben mit großen Zahlen durch die kleine Aufgabe berechnen.	◯
… den Trick mit der Null anwenden.	◯
… schriftlich mit einem einstelligen und mehrstelligen zweiten Faktor multiplizieren.	◯
… im Zahlenraum bis 1 000 000 schriftlich multiplizieren.	◯

Fachbegriffe der Division

Ab jetzt benutzen wir folgende **Fachbegriffe**:

Divisionsaufgabe:	Dividend	:	Divisor	=	Quotient
	36	:	6	=	6

Bei einer Divisionsaufgabe wird mindestens eine Zahl von einer anderen Zahl **dividiert**:

- Die erste Zahl heißt **Dividend**.
- Die zweite Zahl heißt **Divisor**.
- Das Ergebnis heißt **Quotient**.

Divisor

36 : 6 = 6 ← Divisionsaufgabe

Dividend Quotient

(!) Du erkennst die Divisionsaufgabe an dem **Geteiltzeichen** (:).

1 Finde sechs Fachbegriffe zum Thema „Division" im Wortsuchrätsel (vertikal, horizontal).

a Male die Wörter bunt an.

W	G	N	Z	X	Z	C	O	N	C	J	C	J	G	Y	Y	K	J	D	Y	L	H	U	Z
H	W	Z	J	U	O	Q	M	F	R	C	X	K	N	I	Y	J	J	I	V	D	Z	P	W
D	I	V	I	S	I	O	N	S	A	U	F	G	A	B	E	Z	X	V	F	I	C	U	X
M	U	L	T	I	P	L	I	Z	I	E	R	E	N	X	O	Q	K	I	X	V	G	H	S
P	J	C	O	Q	G	D	I	V	I	D	I	E	R	E	N	X	Y	S	Q	I	M	P	Y
K	G	K	X	F	B	M	U	P	Q	H	Z	B	G	M	Z	U	U	O	A	D	U	P	R
J	Y	Y	G	Q	S	G	Z	N	Y	N	G	W	D	G	M	W	J	R	T	E	C	M	E
G	X	O	G	M	Q	U	O	T	I	E	N	T	N	K	S	V	K	O	Y	N	D	F	B
B	P	I	G	E	T	E	I	L	T	Z	E	I	C	H	E	N	V	U	B	D	Y	N	F

b Notiere die sechs Fachbegriffe zur Division aus dem Wortsuchrätsel von **Teilaufgabe a**. Findest du einen mathematischen Fachbegriff im Wortsuchrätsel, der nichts mit der Division zu tun hat?

_______________ _______________ _______________

_______________ _______________ _______________

Nicht zur Division passt: _______________

Ich kann jetzt …	✓
… die Fachbegriffe der Division richtig benennen.	◯

1 Zerlege den Dividenden in passende Teilmengen.
Stelle die Zerlegung dar und rechne.

Tipp
zum Lösen der Aufgabe: Merkkasten 1 „Halbschriftliche Division" a

512 : 4 = ______

□□□□□ | .. ______ Teilrechnung: ______

______ Teilrechnung: ______

______ Teilrechnung: ______

Summe der Teilrechnungen: ______

2 Rechne die Aufgabe halbschriftlich aus und schreibe deinen Rechenweg auf.

Tipp
zum Lösen der Aufgabe: Merkkasten 1 „Halbschriftliche Division" a und b

a 78 : 6 =

b 95 : 5 =

c 436 : 4 =

d 721 : 7 =

3 Rechne die Aufgabe halbschriftlich aus und schreibe deinen Rechenweg auf.

Tipp
zum Lösen der Aufgabe: Merkkasten 1 „Halbschriftliche Division" a und b

a 816 : 6 =

b 704 : 4 =

c 925 : 5 =

d 429 : 3 =

 2, 3 Mehrere Lösungen sind möglich.

1 Halbschriftliche Division

a Beim halbschriftlichen Dividieren ist es hilfreich, den Dividenden in einzelne Teilmengen zu zerlegen.

Beispiel: 712 : 4

Schritt 1: Beginne mit den Hundertern. Bilde eine gut teilbare Menge.

Es bleiben noch 312 von 712 übrig.

Rechnung: 400 : 4 = 100

Schritt 2: Wenn du nicht mehr teilen kannst, versuche zu entbündeln.

Es bleiben noch 32 von 312 übrig.

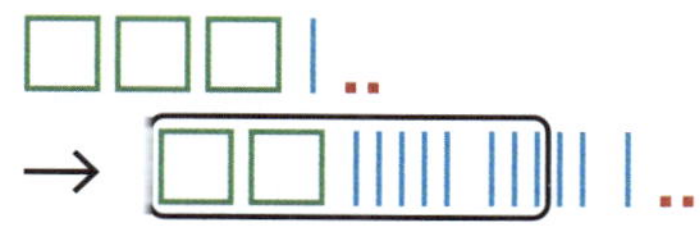

Rechnung: 280 : 4 = 70

Schritt 3: Entbündele wieder oder teile den Rest erneut durch den Divisor.

Rechnung: 32 : 4 = 8

1 Zerlege den Dividenden in passende Teilmengen. Stelle die Zerlegung dar und rechne.

565 : 5

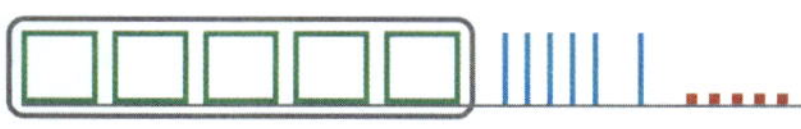

Teilrechnung: 500 : 5 = ______

______ Teilrechnung: ______

______ Teilrechnung: ______

2 Zerlege den Dividenden in passende Teilmengen. Schreibe die Zerlegung auf.

a 512 : 8 → 480 + 32

b 658 : 7 → ______

c 768 : 8 → ______

d 222 : 3 → ______

e 1044 : 9 → ______

f 858 : 6 → ______

g 765 : 5 → ______

2 Mehrere Lösungen sind möglich.

b **Schritt 1–3:** Zerlege den Dividenden in Teilmengen, die durch den Divisor teilbar sind. Teile jede dieser Mengen dann einzeln durch den Divisor.

712 : 4 = 178

400 : 4 = 100
280 : 4 = 70
32 : 4 = 8

100 + 70 + 8 = 178

Schritt 4: Rechne im Kopf die einzelnen Ergebnisse zusammen.

Schritt 5: Notiere das Ergebnis oben hinter der Aufgabe.

(!) Du kannst diesen Rechenweg auch anwenden, wenn der Divisor mehrstellig ist.

3 Rechne die Aufgabe halbschriftlich aus.

a 565 : 5 =
500 : 5 =
50 : 5 =
15 : 5 =

b 1224 : 9 =

c 1075 : 5 =

d 848 : 4 =

e 824 : 8 =

f 1080 : 9 =

3 Mehrere Lösungen sind möglich.

Halbschriftliche Division im Zahlenraum bis 1 000 000

Diesen Rechenweg kannst du auch im Zahlenraum bis 1 000 000 anwenden.
Die einzelnen Rechnungen werden länger, du gehst aber ganz genauso vor.

1 Rechne die Aufgabe halbschriftlich aus.

a 565350 : 5 =

500000 : 5 =

50000 : 5 =

15000 : 5 =

350 : 5 =

b 565350 : 50 =

c 740736 : 6 =

d 783930 : 30 =

e Schaue dir die Rechnungen von **Teilaufgabe a** und **b** genau an. Was fällt dir auf? Beschreibe.

1 Mehrere Lösungen sind möglich.

2 Löse die Sachaufgabe. Rechne halbschriftlich.

Im Jahre 2020 wurden im Bodensee etwa 290 000 kg Fisch gefangen.
An dem gesamten Fischfang waren rund 80 Personen beteiligt.

Frage: Wie viel Kilogramm Fisch hat jede beteiligte Person im Jahr 2020 durchschnittlich gefangen?

Rechnung:

Antwort: ____________________

____

Ich kann jetzt …	✓
… halbschriftlich dividieren, indem ich den Dividenden in Teilmengen zerlege.	◯
… im Zahlenraum bis 1 000 000 halbschriftlich dividieren.	◯

2 Zum Teil sind mehrere Lösungen möglich.

1 Welche Geteiltaufgabe passt zu welcher Darstellung? Verbinde.

a	□□ □□ •	• 40 : 2 = 20
b	|| || •	• 4 : 2 = 2
c	·· ·· •	• 400 : 2 = 200

Tipp
zum Lösen der Aufgabe: Merkkasten 1 „Geteiltaufgaben mit großen Zahlen" a und b

2 Rechne die Aufgabe aus.

a 4 : 2 = ____ b 18 : 3 = ____ c 28 : 4 = ____ d 20 : 2 = ____

e 12 : 2 = ____ f 50 : 5 = ____ g 36 : 4 = ____ h 56 : 7 = ____

Tipp
zum Lösen der Aufgabe: Merkkasten 1 „Geteiltaufgaben mit großen Zahlen" a und b

3 Rechne die Aufgabe aus.

a 40 : 2 = ____ b 180 : 3 = ____ c 280 : 4 = ____ d 200 : 2 = ____

e 120 : 2 = ____ f 500 : 5 = ____ g 360 : 4 = ____ h 560 : 7 = ____

Tipp
zum Lösen der Aufgabe: Merkkasten 1 „Geteiltaufgaben mit großen Zahlen" a und b

4 Rechne die Aufgaben aus.

Tipp
zum Lösen der Aufgabe: Merkkasten 1 „Geteiltaufgaben mit großen Zahlen" a und b

a
6 : 2 = ____
60 : 2 = ____
600 : 2 = ____
60 : 20 = ____
6 000 : 2 = ____
600 : 20 = ____

b
54 : 6 = ____
540 : 6 = ____
540 : 60 = ____
5 400 : 6 = ____
5 400 : 600 = ____
5 400 : 60 = ____

c
35 : 7 = ____
350 : 70 = ____
3 500 : 700 = ____
3 500 : 70 = ____
3 500 : 7 = ____
350 : 7 = ____

d
10 : 2 = ____
1 000 : 2 = ____
100 : 20 = ____
1 000 : 20 = ____
1 000 : 200 = ____
100 : 2 = ____

1 Geteiltaufgaben mit großen Zahlen

a Um Geteiltaufgaben mit großen Zahlen rechnen zu können, helfen dir Aufgaben mit kleineren Zahlen.

1 Schaue dir die Aufgaben und die Darstellungen dazu an.

a Rechne die Aufgaben aus.

··· ··· ||| ||| □□□ □□□

6 : 2 = ______   60 : 2 = ______   600 : 2 = ______

b Wie hängen die drei Aufgaben zusammen? Beschreibe.

____

____

____

2 Rechne die Aufgabe aus und setze fort.

8 : 2 = ___ → 80 : 2 = ___ → ______ : 2 = ______ → ______ : 2 = ______

b **Der Trick mit der Null**

Schaue dir die Aufgabe genau an. Rechne zuerst die kleine Aufgabe.

600 : **2** → **6** : **2** = 3

Die kleine Aufgabe hilft dir beim Lösen der großen Aufgabe. Das Ergebnis bleibt gleich, nur die Anzahl der Nullen verändert sich:

6 : 2 = 3
60 : 2 = 30
600 : 2 = 300

(!) Wird der Dividend um eine Null erweitert, erweitert sich auch der Quotient um eine Null.

600 : 2 = 300
600 : 20 = 30_
600 : 200 = 3__

(!) Wird der Divisor um eine Null erweitert, verkürzt sich der Quotient um eine Null.

6 : 2 = 3
60 : 20 = 3
600 : 200 = 3

(!) Werden Dividend und Divisor um gleich viele Nullen erweitert, bleibt der Quotient gleich.

1 Zum Teil sind mehrere Lösungen möglich.

Schriftliche Division

a Kannst du eine Aufgabe nicht durch eine kleine Aufgabe herleiten und sind die Zahlen zu groß, um sie im Kopf geteilt zu rechnen, musst du schriftlich dividieren.

Beispiel: 822 : 5

822 : 5 = 1

Schritt 1: Schaue dir die erste Ziffer des Dividenden (822) an. Kannst du sie durch den Divisor (5) teilen?

→ **Nein**: Lies Merkkasten „Schriftliche Division" b und c.

→ **Ja**: Das ist die erste Teilmenge, die du durch den Divisor teilen kannst.

„Wie oft passt die 5 in die 8?"

Notiere das erste Teilergebnis hinter dem Gleichheitszeichen.

„einmal"

```
822 : 5 = 1
5
```

Schritt 2: Berechne das Produkt von dem ersten Teilergebnis (1) und dem Divisor (5). Notiere das Produkt unter dem Stellenwert, mit dem du gerechnet hast.

„1 · 5 = 5"

```
822 : 5 = 1
5
―
3
```

Schritt 3: Ziehe einen Rechenstrich unter das Produkt. Subtrahiere das Produkt (5) schriftlich vom Teildividenden (8). Notiere die Differenz unter dem Rechenstrich.

„8 – 5 = 3"

```
822 : 5 = 1
5↓
―
32
```

Schritt 4: Hole die nächste Ziffer des Dividenden (2) nach unten. Schreibe sie rechts neben die berechnete Differenz (3).

…

→ Beginne wieder bei **Schritt 1**.

„Wie oft passt die 5 in die 32?" – „sechsmal" …

```
822 : 5 = 164   R: 2
5↓
―
32
30↓
――
 22
 20
 ――
  2
```

Schritt 5: Wenn du keine Ziffer mehr herunterholen kannst, ist die Rechnung beendet. Entweder endet sie mit Null oder aber mit einem Rest (2). Diesen notierst du oben hinter dem Ergebnis (R: 2).

1 Rechne die Aufgabe erst halbschriftlich und dann schriftlich aus.

702 : 3 =

702 : 3 =

b Erste Ergänzung zu **Schritt 1**

Wenn du die erste Ziffer des Dividenden nicht durch den Divisor teilen kannst, erweiterst du den ersten Teildividenden um eine Stelle.

```
3675 : 5 = 735
35
 17
 15
  25
  25
   0
```

„3 ist nicht durch 5 teilbar, da 3 < 5."

Erweitere den ersten Teildividenden um den nächsten Stellenwert des Dividenden: aus 3 wird 36.

„Wie oft passt die 5 in die 36?" – „siebenmal"

→ Rechne mit **Schritt 2** weiter.

2 Rechne die Aufgabe schriftlich aus.

a 164 : 2 = 8
16
0

b 415 : 5 =

c 368 : 7 =

d 258 : 8 =

e 2 2 3 : 3 =

f 3 5 7 : 6 =

c Zweite Ergänzung zu **Schritt 1**

Wenn du innerhalb der Rechnung den neuen Teildividenden nicht durch den Divisor teilen kannst, schreibst du im Ergebnis an diese Stelle eine Null.

```
535 : 5 = 107
5
03
 0
 35
 35
  0
```

„03 ist nicht durch 5 teilbar, da 3 < 5."

Schreibe im Ergebnis an diese Stelle: 0.

Multipliziere nun wieder zurück: $0 \cdot 5 = 0$

Schreibe die 0 als Ergebnis der Multiplikation auf.

⟶ Rechne mit **Schritt 3** weiter.

3 Rechne die Aufgabe schriftlich aus. Markiere die Null im Ergebnis.

a 9 1 6 : 3 =

b 8 3 9 : 4 =

4 Finde und markiere den Fehler. Schreibe die Aufgabe richtig daneben und rechne schriftlich.

```
1225 : 3 = 48   R: 1
12
 025
  24
   1
```

5 Rechne die Aufgabe schriftlich aus.

a 1264 : 2 = 6
12
0

b 3408 : 8 =

c 152286 : 3 =

d 124868 : 4 =

e 536535 : 5 =

f 902412 : 6 =

6 Löse die Sachaufgabe. Rechne schriftlich.

In einer Woche schlägt dein Herz ungefähr 806 400-mal.

Frage: Wie oft schlägt dein Herz ungefähr am Tag?

Rechnung:

Antwort: ______________________________

____

Ich habe sogar drei Herzen.
Meine Herzen schlagen am Tag
zusammen 172 800-mal.
Jetzt rechne ich geteilt durch 3 …
Jedes meiner Herzen schlägt
am Tag also 57 600-mal.

Ich kann jetzt …	✓
… Geteiltaufgaben mit großen Zahlen durch die kleine Aufgabe berechnen.	◯
… den Trick mit der Null anwenden.	◯
… im Zahlenraum bis 1 000 000 schriftlich dividieren.	◯

Fassungsvermögen

Das Fassungsvermögen (Hohlmaß) gibt das Volumen eines Gefäßes an.
Du kannst es in Liter (l) und Milliliter (ml) angeben.

Beispiel: Tasse 125 ml
Fass 220 l

1 Ordne jedem Behälter das passende Fassungsvermögen zu.

a Welches Fassungsvermögen passt zu welchem Behälter? Verbinde.

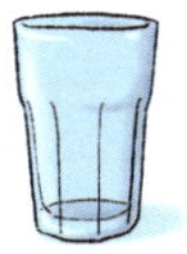

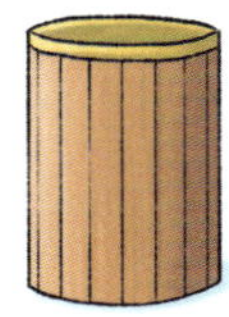

1 Liter 120 Liter 10 Liter 300 Milliliter

b Welcher Behälter hat das größte Fassungsvermögen? ______________________

c Welcher Behälter hat das kleinste Fassungsvermögen? ______________________

Fassungsvermögen bestimmen – der Messbecher

Fassungsvermögen eines Gefäßes bestimmen

Befülle das Gefäß komplett mit Wasser.
Fülle die Wassermenge in den Messbecher um.
Lies die Milliliterangabe ab.

Enthaltene Wassermenge in einem Gefäß bestimmen

Fülle die im Gefäß enthaltene Wassermenge in den Messbecher um.
Lies die Milliliterangabe ab.

2 Beantworte die Frage zum Messbecher.

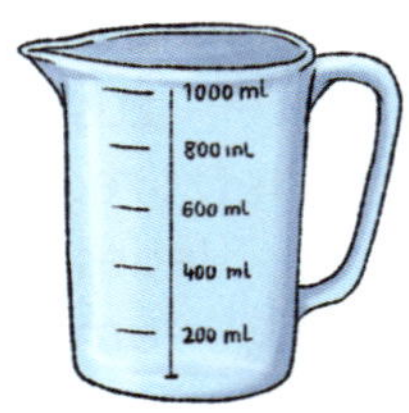

a Wie viele Milliliter fasst der Messbecher? ______________________

b Die Skala des Messbechers ist in welche Schritte eingeteilt? Kreuze an.

400er-Schritte ◯ 200er-Schritte ◯ 500er-Schritte ◯

c Wie kannst du ohne Messbecher ungefähr 500 ml Wasser abfüllen? Beschreibe.

____

____

____

2 Zum Teil sind mehrere Lösungen möglich.

Hohlmaße umrechnen

Um Hohlmaße richtig umrechnen zu können, ist folgende Regel besonders wichtig:

1 Liter (1 l) = 1 000 Milliliter (1 000 ml)

3 Ergänze die Tabelle.

a

Liter	Milliliter
4 l	4 000 ml
6 l	
14 l	

b

ml	l und ml	l
4 250 ml	4 l 250 ml	4,25 l
33 500 ml		
	0 l 750 ml	

4 Ordne die Hohlmaße der Größe nach. Verwende <.

1,2 l | 3 000 ml | 2 l 750 ml | 750 ml | 8 l | 12 250 ml

Verschiedene Darstellungsweisen von Hohlmaßen

Bis jetzt hast du Hohlmaße als Zahlen mit oder ohne Komma angegeben:
5 l 150 ml oder 5,15 l.

Eine weitere Möglichkeit ist die Darstellung von Hohlmaßen als Bruch:

$\frac{1}{8}$ l = 0,125 l $\frac{1}{4}$ l = 0,25 l $\frac{1}{2}$ l = 0,5 l $\frac{3}{4}$ l = 0,75 l

5 Schaue dir die Abbildung an. 1 l Flüssigkeit wurde gleichmäßig aufgeteilt.
Die Teilmengen stehen immer unter den Messbechern.

a Zeichne die angegebenen Flüssigkeitsmengen in die Messbecher ein.

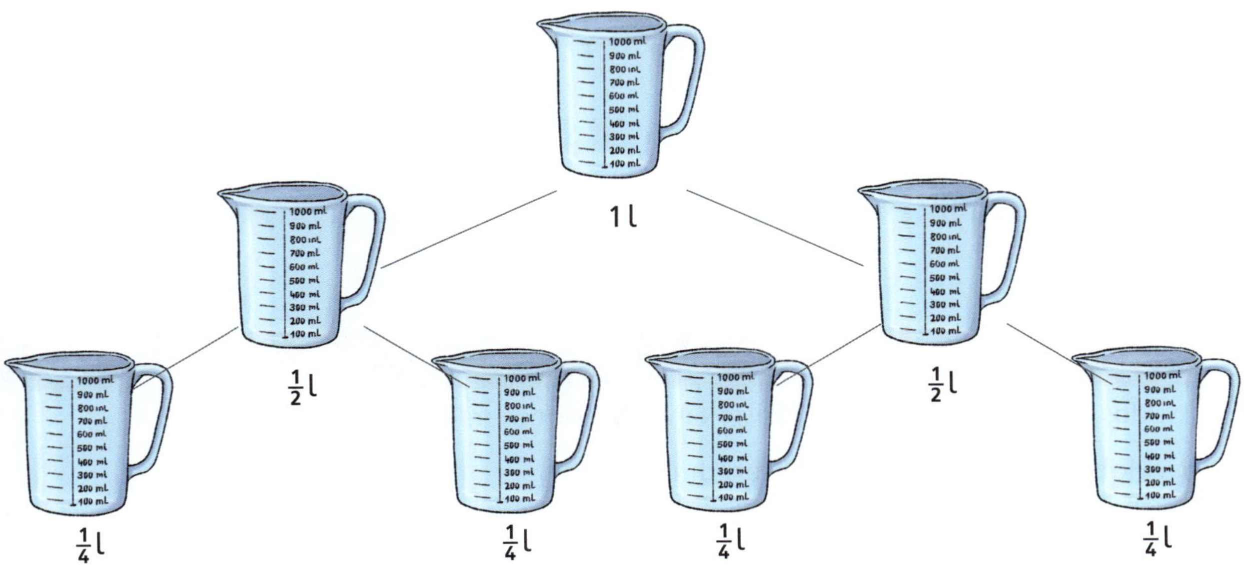

b Schaue dir die Aufteilung der Flüssigkeit aus **Teilaufgabe a** genau an. Kannst du eine Regel erkennen? Wie könnte $\frac{1}{4}$ l Flüssigkeit weiter aufgeteilt werden? Beschreibe.

c Ergänze die fehlenden Zahlen in der Tabelle.

Bruch	Dezimalzahl	ml
$\frac{1}{8}$ l	0,125 l	125 ml
$\frac{1}{4}$ l		
$\frac{1}{2}$ l		

6 Überprüfe die Behauptung von Tessa Tinte und löse die Sachaufgabe.

Ich behaupte, dass eine kleine Flasche Wasser (250 ml) genau dreimal in den Messbecher passt.

Frage: Passt eine kleine Flasche Wasser (250 ml) genau dreimal in den Messbecher?

Rechnung:

Antwort:

Ich kann jetzt …	✓
… das Fassungsvermögen mithilfe eines Messbechers bestimmen.	◯
… Hohlmaße (Liter und Milliliter) umrechnen.	◯
… Einheiten für Hohlmaße in unterschiedlichen Schreibweisen darstellen.	◯

 5, 6 Zum Teil sind mehrere Lösungen möglich.

1 Wie lang ist die Strecke? Miss nach.

a

$\overline{AB}$ = ________ cm

b

$\overline{CD}$ = ________ cm

c

$\overline{EF}$ = ________ cm

d

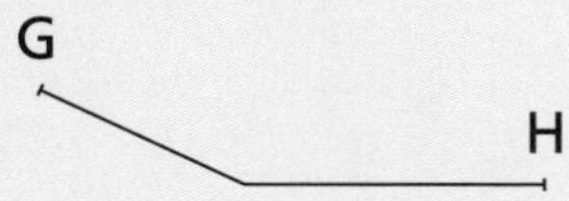

$\overline{GH}$ = ________ cm

Tipp zum Lösen der Aufgabe: Merkkasten 1 „Strecken messen und zeichnen"

2 Zeichne die Strecke mit Lineal und Bleistift.

a $\overline{AB}$ = 1 cm:

b $\overline{CD}$ = 5,5 cm

c $\overline{EF}$ = 67 mm

Tipp zum Lösen der Aufgabe: Merkkasten 1 „Strecken messen und zeichnen"

3 Rechne um.

a 1 cm = ________ mm

b 5 m = ________ cm

c 1 km = ________ m

d 10 m = ________ cm

e 10 cm = ________ m

f 25 cm = ________ m

g 27 dm = ________ mm

h 40 m = ________ dm

Tipp zum Lösen der Aufgabe: Merkkasten 2 „Längenmaße umrechnen und ordnen"

4 Ordne die Längen der Größe nach. Verwende <.

15 km	2 cm	22 mm	3 dm	5 m	0,4 m

____

Tipp zum Lösen der Aufgabe: Merkkasten 2 „Längenmaße umrechnen und ordnen"

1 Strecken messen und zeichnen

Strecken messen

Schritt 1: Lege dein Lineal unter die Strecke. Achte darauf, dass du den Nullpunkt genau unter dem Anfangspunkt anlegst.

Schritt 2: Miss mit deinem Lineal die Länge der Strecke bis zum Endpunkt und lies die Länge ab.

Schritt 3: Notiere die Länge über der Strecke.

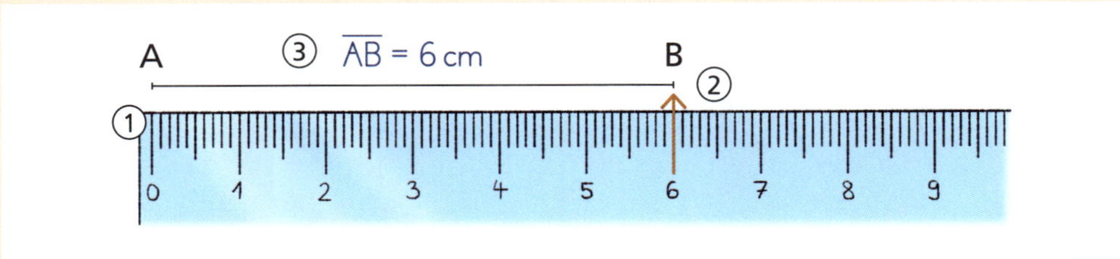

Strecken zeichnen

Schritt 1: Zeichne den Anfangspunkt der Strecke.

Schritt 2: Lege den Nullpunkt deines Lineals an den Anfangspunkt an.

Schritt 3: Zeichne eine gerade Linie bis zur geforderten Zentimeterzahl.

Schritt 4: Am Ende zeichnest du den Endpunkt ein.

1 Miss die Strecke und notiere die Länge in der angegebenen Einheit.

a = ______ mm

b = ______ cm

c Was fällt dir bei den Strecken aus **Teilaufgabe a** und **b** auf?

____

____

2 Zeichne die Strecke mit Lineal und Bleistift wie im Merkkasten beschrieben.

a $\overline{AB}$ = 10,6 cm

b $\overline{CD}$ = 88 mm

c $\overline{EF}$ = 1 dm

1 Zum Teil sind mehrere Lösungen möglich.

2 Längenmaße umrechnen und ordnen

Längenmaße umrechnen

Folgende Umrechnungen sind besonders wichtig:

1 cm	= 10 mm	
1 dm	= 10 cm	= 100 mm
1 m	= 10 dm	= 100 cm
1 km	= 1 000 m	

Die Stellenwerttafel kann dir beim Umrechnen helfen:

Schritt 1: Trage die Länge in die Tabelle ein, die du umrechnen möchtest.

Schritt 2: Fülle jetzt die Tabelle bis zu der Einheit mit 0 auf, in die du umrechnen willst.

· 10 · 10 · 10 · 10 …

	km	m			dm	cm	mm	
		H	Z	E				
1 cm						1	0	10 mm
1 dm					1	0		10 cm
1 km	1	0	0	0				1 000 m

Längenmaße ordnen

Längen kannst du auch der Größe nach ordnen. Du verwendest die Zeichen >, < und =.

3 Trage die Länge in die Stellenwerttafel ein und wandle sie um.

· 10 · 10 · 10 · 10 …

	km	m			dm	cm	mm	
		H	Z	E				
a 1 cm						1	0	10 mm
b 500 m								____ cm
c 6 km								____ m
d 3 m								____ cm

4 Vergleiche die Längen. Ergänze die Zeichen >, < oder =.

a 30 mm [<] 5 cm
b 687 cm [ ] 6 870 mm
c 2 dm [ ] 2 cm
d 20 cm [ ] 90 mm
e 2 m [ ] 100 cm
f 5 km [ ] 5 000 m

Zusammengesetzte Strecken messen

Schritt 1: Lege dein Lineal mit dem Nullpunkt an den Anfangspunkt deiner ersten Teilstrecke an.

Schritt 2: Miss die Länge der Teilstrecke mit deinem Lineal und lies die Länge ab.

Schritt 3: Notiere die gemessene Länge über der Teilstrecke.

Schritt 4: Miss alle Teilstrecken und addiere die gemessenen Längen.

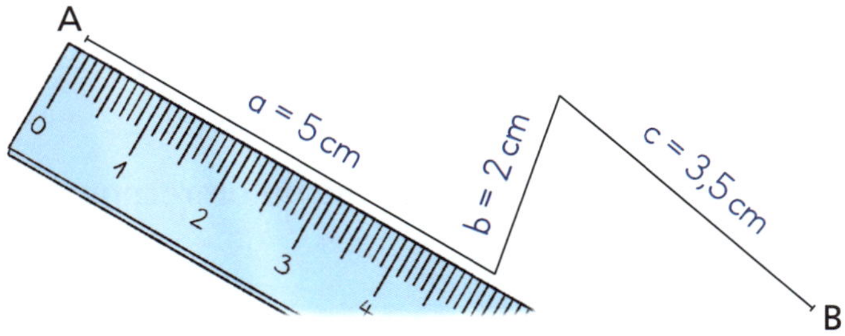

$a + b + c = \overline{AB}$

5 cm + 2 cm + 3,5 cm = 10,5 cm

10,5 cm = $\overline{AB}$

1 Tessa Tinte ist ein Tintenfisch mit acht Tentakel. Wie lang sind Tessas Tentakel insgesamt? Miss die Tentakel und rechne die Längen zusammen.

a 3 cm ______

b ______

c ______

d ______

e ______

f ______

g ______

h ______

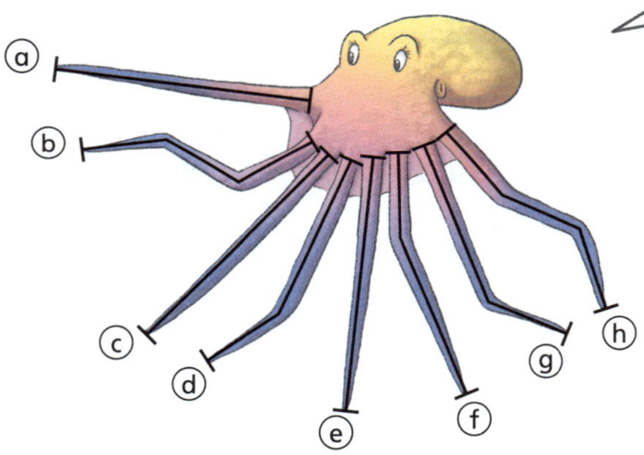

Um herauszufinden, wie lang meine Tentakel insgesamt in Wirklichkeit sind, multipliziere das Ergebnis mit 10!

______

______

Kommaschreibweise bei Längen

Bei einer Längenangabe trennst du zwei Einheiten mit einem Komma voneinander. Hierbei hilft dir wieder die Stellenwerttafel:

Mit dem Komma trennst du immer eine Einheit von der nächstkleineren Einheit.

Beispiel: 8 km 450 m = 8,450 km

km	m			dm	cm	mm
	H	Z	E			
8	4	5	0			

2 Tessa hat andere Meerestiere gemessen.

a Ordne die Maße der Größe nach.

Seepferdchen

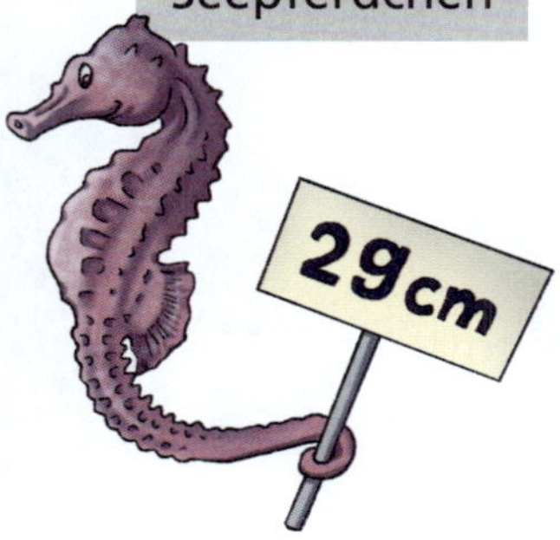

Buckelwal

Delfin

_________ cm > _________ cm > _________ cm

b Schreibe die Maße der Größe nach geordnet in die Stellenwerttafel.
Beginne mit dem größten Meerestier. Notiere danach die Werte in der Kommaschreibweise.

Tier	km	m			dm	cm	mm	
		H	Z	E				
______								______ m
______								______ m
______								______ m

3 Schreibe die Länge als Kommazahl auf.

a 5 m 34 cm = 5,34 m

b 22 m 5 cm = _________ m

c 24 cm 5 mm = _________ cm

d 7 km 30 m = _________ km

4 Male alle Felder mit den gleichen Längen in einer Farbe an.

34 cm	34 mm	3,4 dm	0,067 m
1,7 km	67 mm	0,034 m	1 700 m

Ich kann jetzt …	✓
… Strecken messen und zeichnen.	◯
… Längenmaße umwandeln und der Größe nach ordnen.	◯
… Längenmaße in der Kommaschreibweise notieren.	◯

2,3 Zum Teil sind mehrere Lösungen möglich.

1 Wie heißen die Teile der Uhr? Verbinde.

Der Stundenzeiger • • Der Minutenzeiger

Der Sekundenzeiger • • Das Ziffernblatt

Tipp zum Lösen der Aufgabe: Merkkasten 1 „Uhrzeiten"

2 Verbinde gleiche Uhrzeiten.

14:59 Uhr | 10:15 Uhr | 02:37 Uhr | 13:12 Uhr

01:12 Uhr | 22:15 Uhr | 14:37 Uhr | 02:59 Uhr

Tipp zum Lösen der Aufgabe: Merkkasten 1 „Uhrzeiten"

3 Wandle um.

a 1 h = ______ min

b 1 min = ______ s

c $\frac{1}{2}$h = ______ min

d 3 h 20 min = ______ min

e $5\frac{1}{4}$h = ______ min

f 1 d = ______ h

Tipp zum Lösen der Aufgabe: Merkkasten 2 „Zeitangaben umwandeln"

4 Notiere die Uhrzeiten. Berechne die Zeitspannen und schreibe sie auf.

\+ ______ \+ ______

______ Uhr ______ Uhr ______ Uhr

Tipp zum Lösen der Aufgabe: Merkkasten 3 „Zeitspannen berechnen" a und b

4 Mehrere Lösungen sind möglich.

1 Uhrzeiten

Um Uhrzeiten (Zeitpunkte) zu bestimmen, kannst du analoge oder digitale Uhren benutzen. Der Unterschied zwischen beiden Uhren liegt in der Anzeige der Zeit.

Analoge Uhr

- Der kleine Zeiger zeigt die Stunden an.
- Der große Zeiger zeigt die Minuten an.

Digitale Uhr

14:00

- Die Zahlen vor dem „:" geben die Stunden an.
- Die Zahlen nach dem „:" geben die Minuten an.

Du kannst Uhrzeiten durch unterschiedliche Sprechweisen ausdrücken:

Viertelstunde	halbe Stunde	Dreiviertelstunde	volle Stunde
15 Min	30 Min	45 Min	60 Min

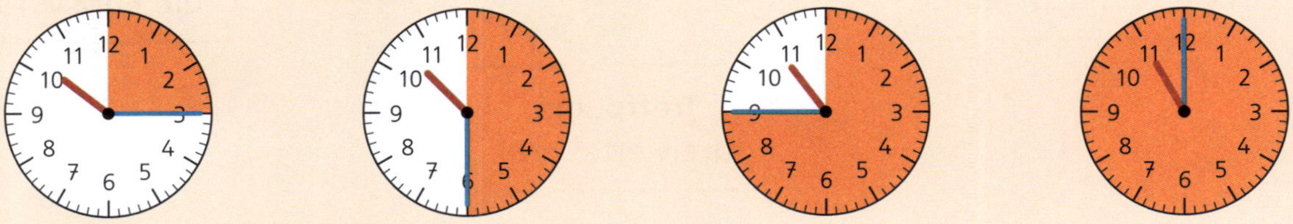

10:15	10:30	10:45	11:00

1 Verbinde gleiche Uhrzeiten.

2 Welche Kinder treffen sich zur gleichen Zeit? Male die Sprechblasen in der gleichen Farbe an.

2 Zeitangaben umwandeln

Du kannst Zeitangaben umwandeln. Folgende Umrechnungen sind besonders wichtig:

60 s = 1 min   60 min = 1 h   24 h = 1 d (Tag)

Beispiel:

2 min = 120 s = 60 s + 60 s

3 h = 180 min = 60 min + 60 min + 60 min

3 Wandle um.

a

Sekunden	Minuten
180 s	3 min
300 s	
	7 min
	10 min
540 s	
900 s	

b

Minuten	Stunden
240 min	4 h
	8 h
600 min	
900 min	
	24 h
120 min	

c

Stunden	Tage
48 h	2 d
	5 d
168 h	
	1 d
240 h	
	3 d

4 Verbinde gleiche Zeitangaben.

$\frac{3}{4}$ h	75 min	1 d 2 h	90 s	270 min
1 h 15 min	1 min 30 s	45 min	$4\frac{1}{2}$ h	26 h

3 Zeitspannen berechnen

a Eine Zeitspanne zeigt dir an, wie viel Zeit vergangen ist oder wie viel Zeit für etwas benötigt wird. Es gibt zwei **Rechenwege**, wie du die Zeit zwischen zwei Uhrzeiten berechnen kannst:

- **Rechenweg 1**: Bis zur vollen Stunde, dann weiter
- **Rechenweg 2**: Volle Stunden ergänzen, dann weiter

Rechenweg 1: Bis zur vollen Stunde, dann weiter

Schritt 1: Wie viele Minuten fehlen bis zur vollen Stunde?

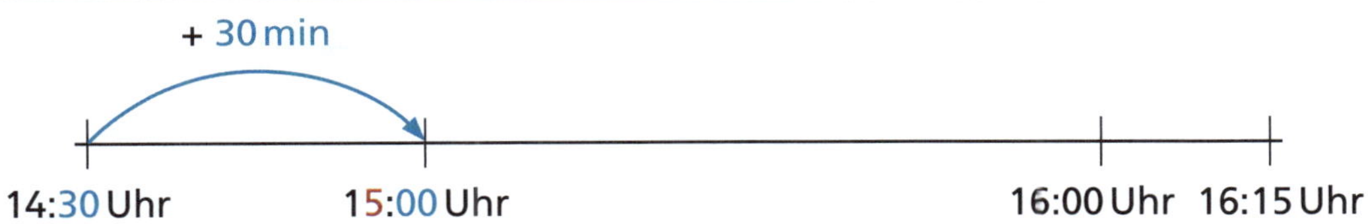

Schritt 2: Wie viele Stunden/Minuten fehlen noch bis zur Zieluhrzeit?

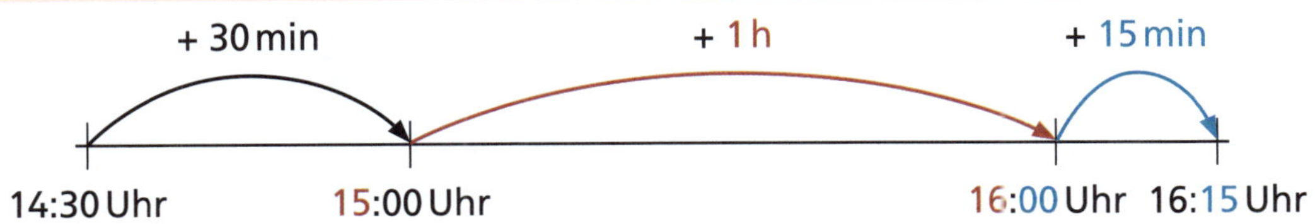

Schritt 3: Addiere die einzelnen Zeiten und du erhältst die Zeitspanne.

30 min + 1 h + 15 min = 1 h 45 min

5 Wie viele Minuten fehlen noch bis zur vollen Stunde? Ergänze.

a 15 min + 45 min = 60 min

b 30 min + ______ = 60 min

c 42 min + ______ = 60 min

d 16 min + ______ = 60 min

e 7 min + ______ = 60 min

f 21 min + ______ = 60 min

b **Rechenweg 2**: Volle Stunden ergänzen, dann weiter

Schritt 1: Wie viele volle Stunden kannst du ergänzen?

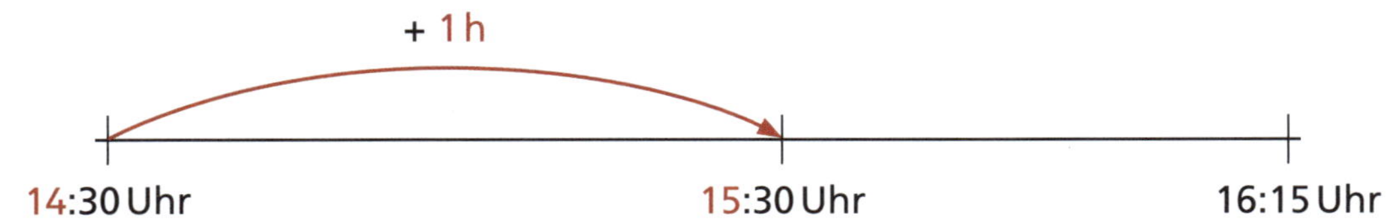

Schritt 2: Wie viele Minuten fehlen noch bis zur Zieluhrzeit?

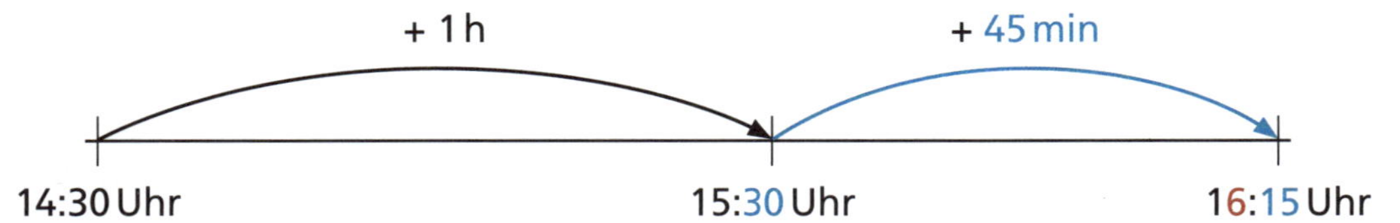

Schritt 3: Addiere die einzelnen Zeiten und du erhältst die Zeitspanne.

1 h + 45 min = 1 h 45 min

6 Welcher Rechenweg fällt dir leichter? Berechne die Zeitspanne auf diese Weise.

a

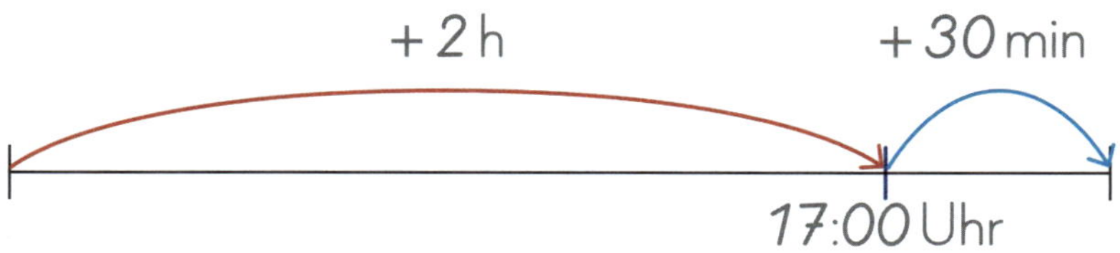

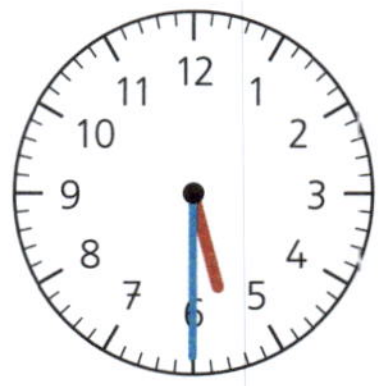

15:00 Uhr

17:30 Uhr

Zeitspanne: 2 h + 30 min = 2 h 30 min

b

10:42 Uhr

17:10 Uhr

Zeitspanne: ______________________ = ______________

c

13:00 Uhr

15:23 Uhr

Zeitspanne: ______________________ = ______________

6 Mehrere Lösungen sind möglich.

Zeitspannen berechnen mit Sekundenangaben

Du kannst einen genauen Zeitpunkt aber auch in Stunden, Minuten und Sekunden angeben. Jetzt kannst du die Zeitspanne zwischen zwei Uhrzeiten mit Sekundenangaben berechnen.

12:45:22 Uhr

Schritt 1 und 2: Die Schritte entsprechen **Rechenweg 1 / Rechenweg 2.** Schaue dir den Merkkasten 3 „Zeitspannen berechnen" a und b noch einmal an. Du kannst den Rechenweg wählen, der dir leichter fällt.

Schritt 3: Berechne die fehlenden Sekunden.

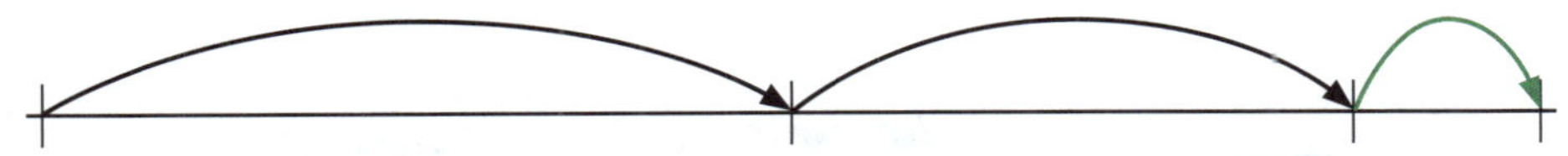

Schritt 4: Addiere die einzelnen Zeiten und du erhältst die Zeitspanne.

1 h + 45 min + 18 s = 1 h 45 min 18 s

1 [1] Welcher Rechenweg fällt dir leichter? Berechne die Zeitspannen auf diese Weise. Achte auf die Sekunden.

a

07:20:28 Uhr 12:50:51 Uhr

Zeitspanne: ______________________ = ______________

b

18:28:10 Uhr 02:12:22 Uhr

Zeitspanne: ______________________ = ______________

c

15:47:32 Uhr 19:40:59 Uhr

Zeitspanne: ______________________ = ______________

1 Mehrere Lösungen sind möglich.

2 Löse die Sachaufgabe.

Die Eulenklasse 3b unternimmt am 01.10. einen Ausflug. Um 07:51 Uhr läuft die Klasse von der Schule zum Bahnhof. Ankunft am Bahnhof ist um 08:04 Uhr. Sie möchten nach Frankfurt in das Filmmuseum fahren. Der Zug fährt um 08:10 Uhr von Gleis 1 ab. Nach 23-minütiger Fahrzeit kommt die Klasse am Bahnhof in Mannheim an. „In 720 Sekunden kommt unser Anschlusszug", sagt die Lehrkraft. Pünktlich fährt der Anschlusszug mit der Klasse los. Die Zugfahrt dauert noch 41 Minuten und 25 Sekunden.

a Fülle den Zugfahrplan aus.

	Abfahrt Zug am Bahnhof	**Ankunft Bahnhof Mannheim**	**Abfahrt Anschlusszug**	**Ankunft Bahnhof Frankfurt**
Uhrzeit				

b Beantworte die Frage. Unterstreiche alle hierfür relevanten Informationen in grün. Gib das Ergebnis in Minuten/Sekunden und in Stunden/Minuten/Sekunden an.

Frage: Wie lange war die Klasse bis zu ihrer Ankunft in Frankfurt insgesamt unterwegs?

Rechnung:

Antwort: ______________________________

____

____

Ich kann jetzt …	✓
… analoge und digitale Uhren richtig lesen.	◯
… die Zeitspanne berechnen, indem ich Rechenweg 1 anwende.	◯
… die Zeitspanne berechnen, indem ich Rechenweg 2 anwende.	◯
… Zeitspannen mit Sekundenangaben berechnen.	◯

1 Verbinde die geometrischen Körper mit den richtigen Bezeichnungen.

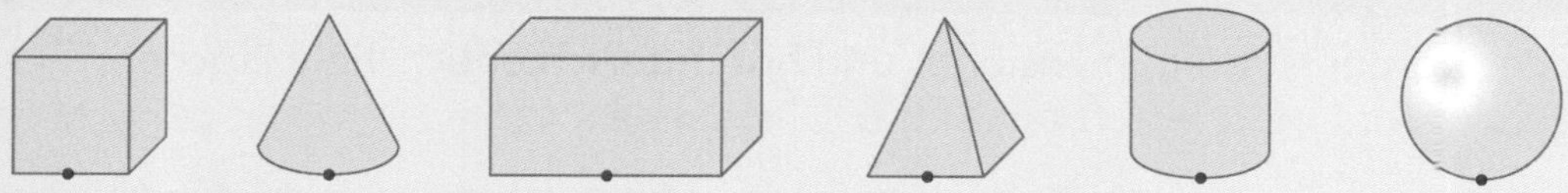

Würfel Kugel Zylinder

Quader Pyramide Kegel

Tipp
zum Lösen der Aufgabe:
Merkkasten 1
„Geometrische Körper"

2 Verbinde die Bezeichnungen mit den richtigen Körpernetzen.

Quader

Würfel

Pyramide

Kugel

Kegel

Zylinder

Tipp
zum Lösen der Aufgabe:
Merkkasten 2
„Körpernetze" a und b

3 Ein Körper hat ein besonderes Körpernetz.

Welcher? ____________________

Wieso? ____

____

____

Tipp
zum Lösen der Aufgabe:
Merkkasten 2
„Körpernetze" b

3 Zum Teil sind mehrere Lösungen möglich.

1 Geometrische Körper

Ein geometrischer Körper ist dreidimensional und hat unterschiedlich viele Flächen, Kanten und Ecken:

Körper	Würfel	Quader	Pyramide	Zylinder	Kegel	Kugel
	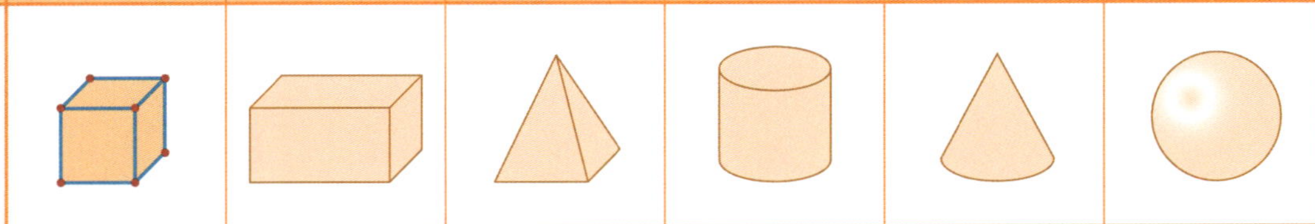					
Flächen	6	6	5	3	2	1
Kanten	12	12	8	2	1	0
Ecken	8	8	5	0	(1 Spitze)	0

(!) An einer Kante stoßen zwei Flächen aneinander.
An einer Ecke stoßen mindestens zwei Kanten aneinander.

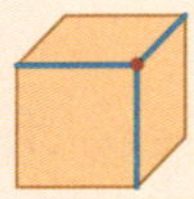

1 Markiere im Schrägbild die Kanten blau und die Ecken rot.
Male eine Fläche des Körpers orange aus.

a

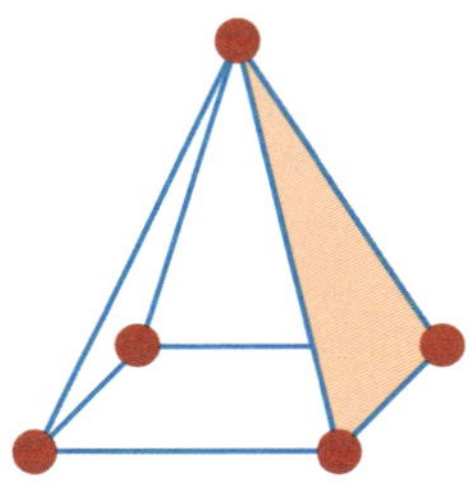

b

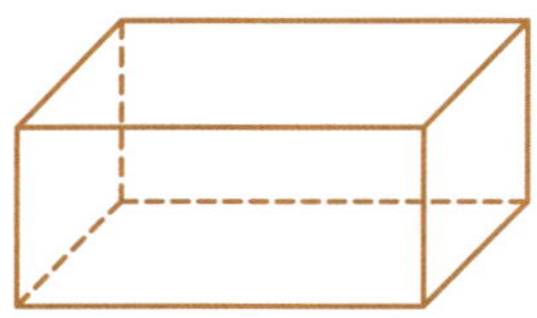

c

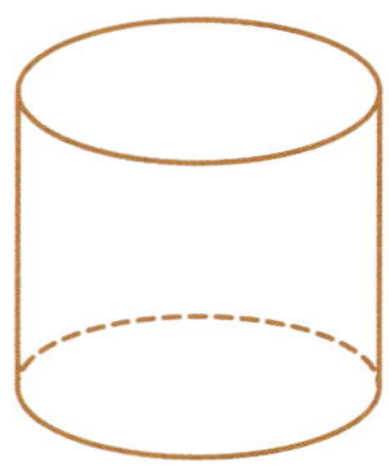

d

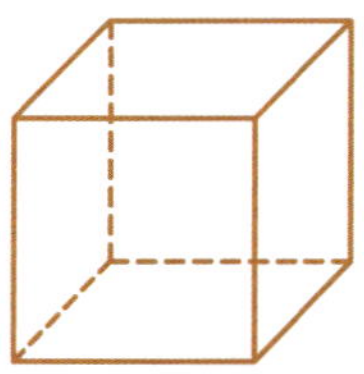

e

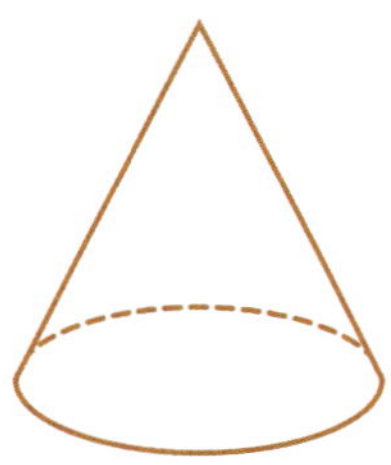

f

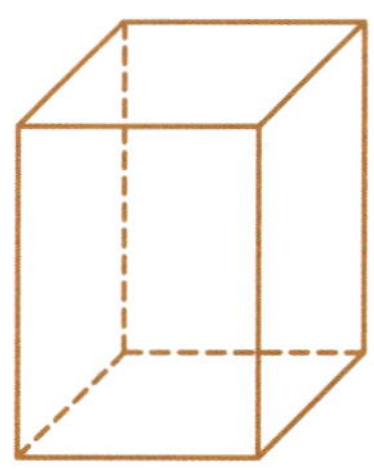

2 Hat der Kegel eine Ecke? Begründe.

____

____

____

1 Zum Teil sind mehrere Lösungen möglich.
2 Mehrere Lösungen sind möglich.

2 Körpernetze

a Ein geometrischer Körper ist dreidimensional.
Wenn du ihn aufklappst, entsteht ein zweidimensionales Körpernetz.

3 Zeichne die einzelnen Flächen, aus denen der Körper besteht.

	Körper	Flächen
a		
b	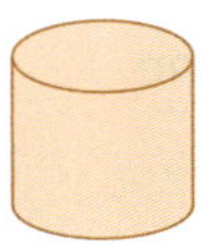	
c	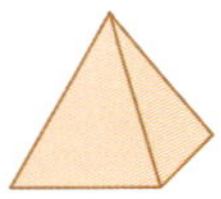	
d	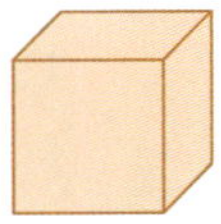	

b Du kannst jeden Körper unterschiedlich aufklappen. Deshalb gibt es auch unterschiedliche Körpernetze. Ein mögliches Netz für die Körper siehst du hier:

Würfel | Quader | Kugel | Kegel | Pyramide | Zylinder

Würfelnetze

a Wenn du einen Würfel aufklappst, entsteht ein Würfelnetz.

Es gibt insgesamt elf verschiedene Würfelnetze, die man wieder zu einem Würfel zusammenklappen kann.

1 Klappe das abgebildete Würfelnetz im Kopf zusammen. Male gegenüberliegende Seiten in der gleichen Farbe an.

a

b

c
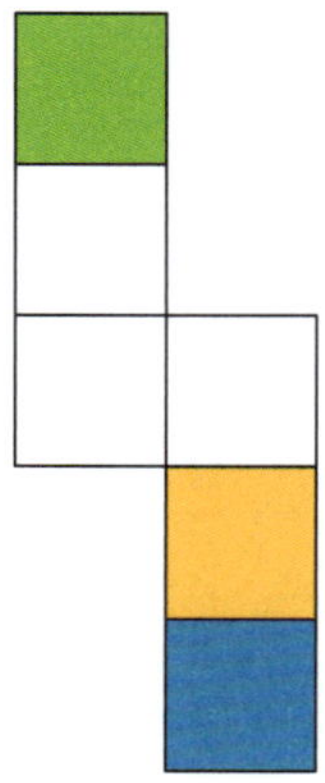

d

2 Klappe das abgebildete Würfelnetz im Kopf zusammen. Die gelbe Seitenfläche ist die Grundfläche. Trage in die anderen Seitenflächen die Bezeichnungen v (vorne), h (hinten), o (oben), r (rechts) und l (links) ein.

a

b
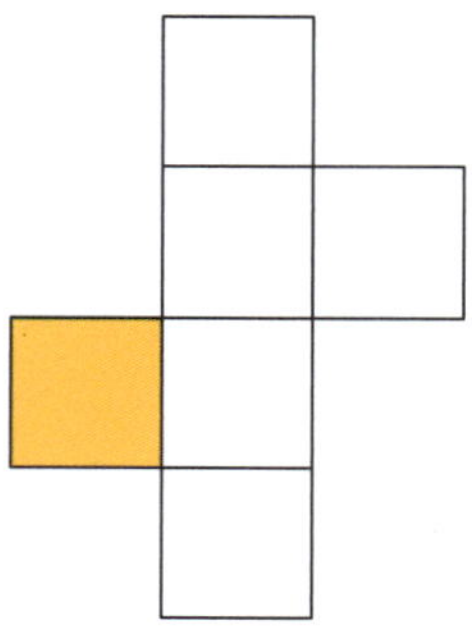

c
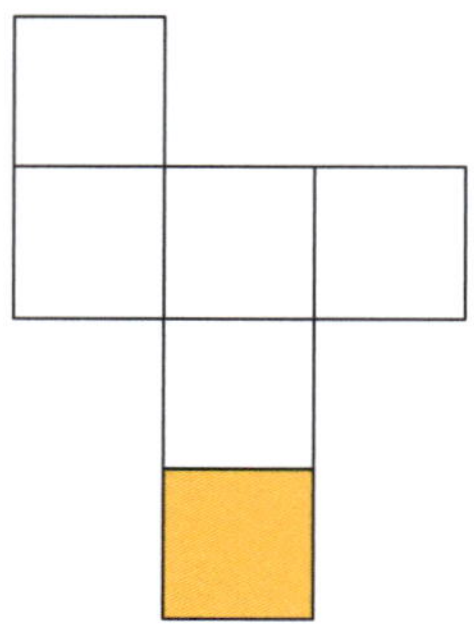

d
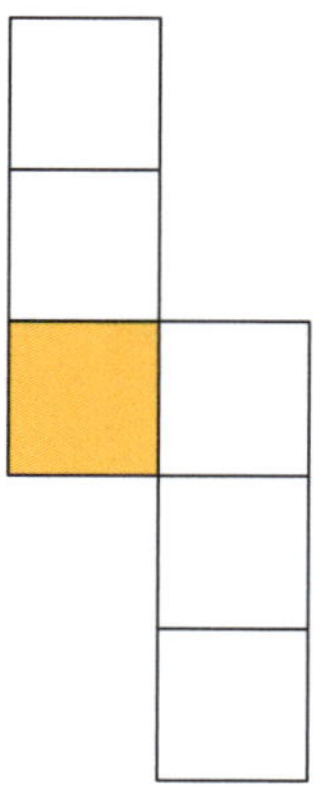

b Richtige Würfelnetze erkennen

Um ein richtiges Würfelnetz von einem Falschen zu unterscheiden, musst du darauf achten, dass …

… es genau sechs Seitenflächen gibt.
… nicht mehr als vier Seitenflächen in einer Reihe liegen.
… nicht vier Seitenflächen zu einem Quadrat zusammengeschoben sind.
… die anderen Seitenflächen links und rechts von der langen Reihe liegen.

3 Zwei der hier abgebildeten Würfelnetze ergeben keinen Würfel.

a Kreise sie ein.

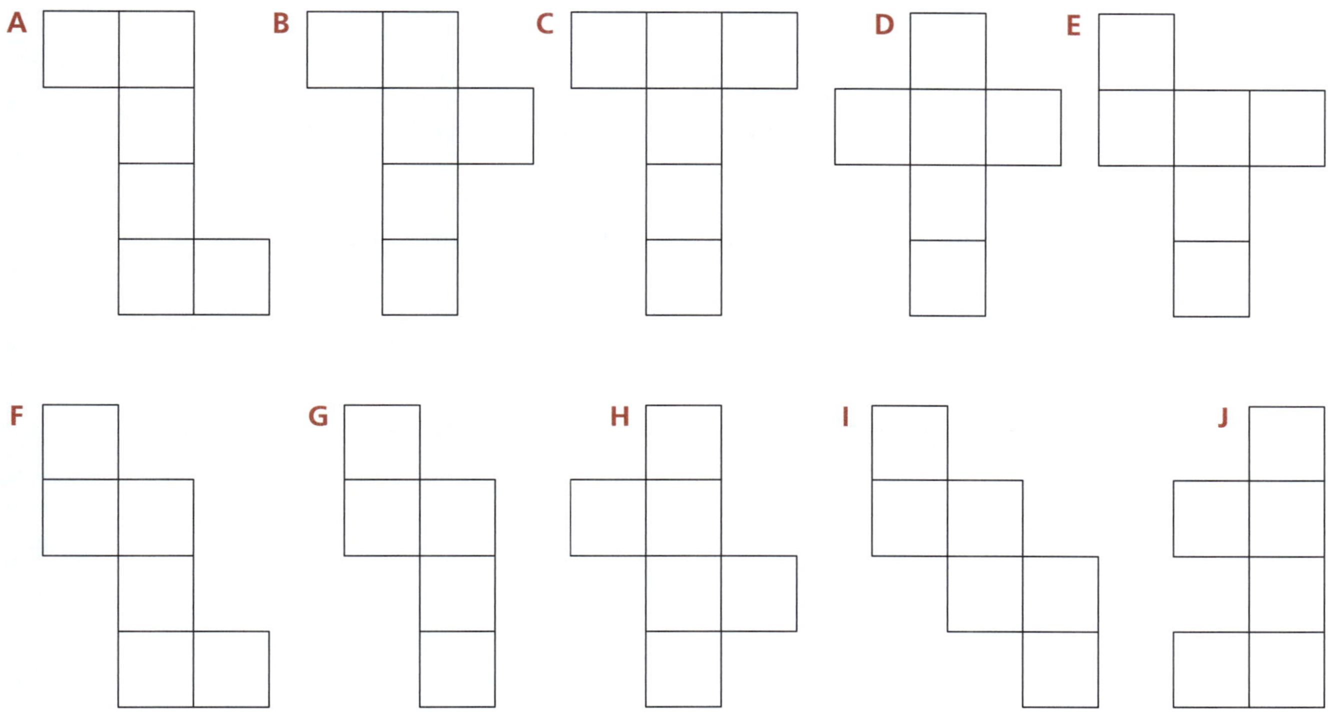

b Woran erkennst du, dass die zwei Würfelnetze keinen Würfel ergeben? Beschreibe.

____

____

Ich kann jetzt …	✓
… die Anzahl der Kanten, Flächen und Ecken verschiedener geometrischer Körper benennen.	○
… geometrischen Körpern das passende Körpernetz zuordnen.	○
… gegenüberliegende Seiten im Würfelnetz markieren.	○
… richtige von falschen Würfelnetzen unterschieden.	○

3 Zum Teil sind mehrere Lösungen möglich.

1 Schaue dir das Bandornament genau an. Wie sieht das Grundmuster aus? Kreise es ein.

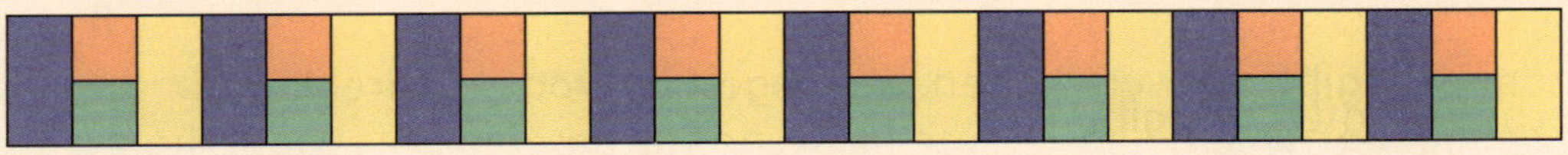

Tipp zum Lösen der Aufgabe: Merkkasten 1 „Bandornamente"

2 Wie sieht das Grundmuster aus? Kreise es ein. Bearbeite anschließend die Teilaufgaben.

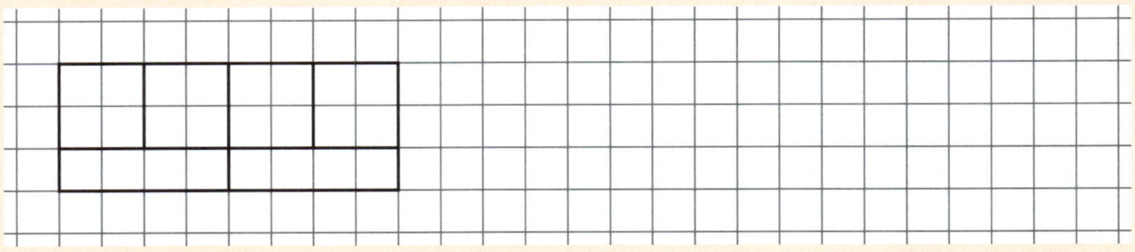

Tipp zum Lösen der Aufgabe: Merkkasten 1 „Bandornamente"

a Setze das Grundmuster fort. Verwende zum Zeichnen dein Geodreieck.

b Male das Bandornament aus.
Achte beim Ausmalen darauf, dass du jedes Grundmuster gleich ausmalst.

3 Setze die angefangene Parkettierung fort. Verwende zum Zeichnen dein Geodreieck.

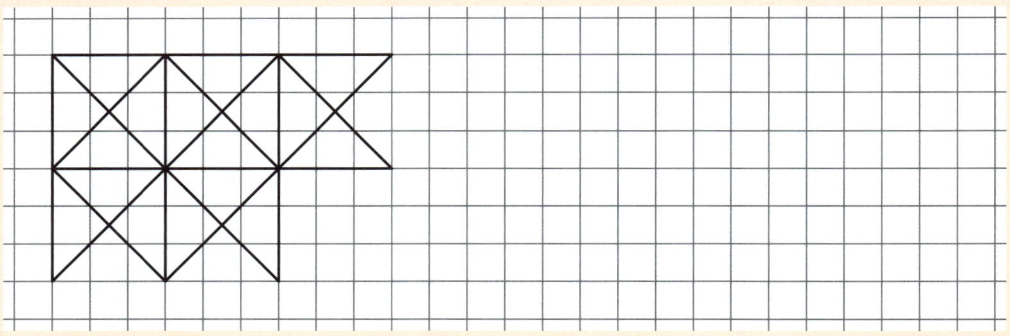

Tipp zum Lösen der Aufgabe: Merkkasten 2 „Parkettierungen"

4 Was ist der Unterschied zwischen einem Bandornament und einer Parkettierung? Beschreibe.

Tipp zum Lösen der Aufgabe: Merkkasten 1 „Bandornamente" sowie Merkkasten 2 „Parkettierungen"

2 Zum Teil sind mehrere Lösungen möglich.
4 Mehrere Lösungen sind möglich.

1 Bandornamente

Ein Bandornament erkennst du daran, dass …

… es ein Grundmuster gibt, das verschoben, gespiegelt und/oder gedreht wird.
… ein Muster beliebig oft in eine bestimmte Richtung fortgesetzt bzw. wiederholt wird, wodurch ein „Band" entsteht.

Bandornament:

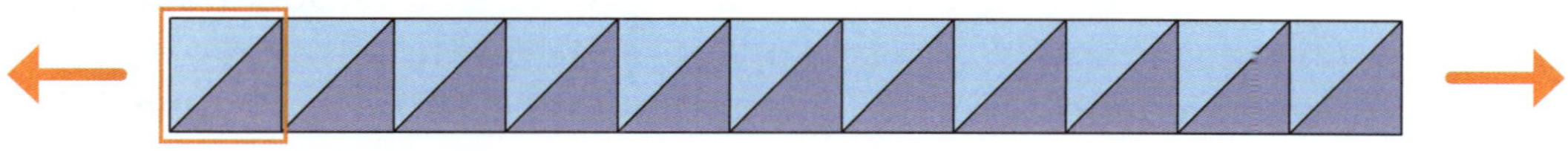

Grundmuster:

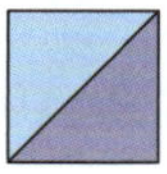

1 Setze das Grundmuster …

a … nach rechts und links fort. Verwende zum Zeichnen dein Geodreieck.
Male das Muster aus.

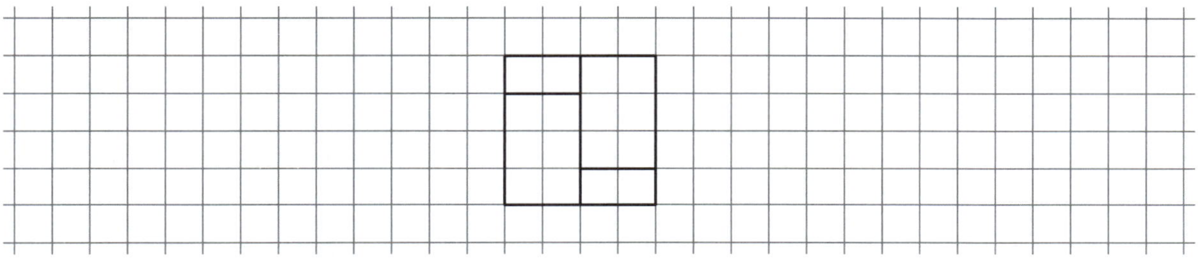

b … in alle Richtungen lückenlos fort. Verwende zum Zeichnen dein Geodreieck.
Male das Muster aus.

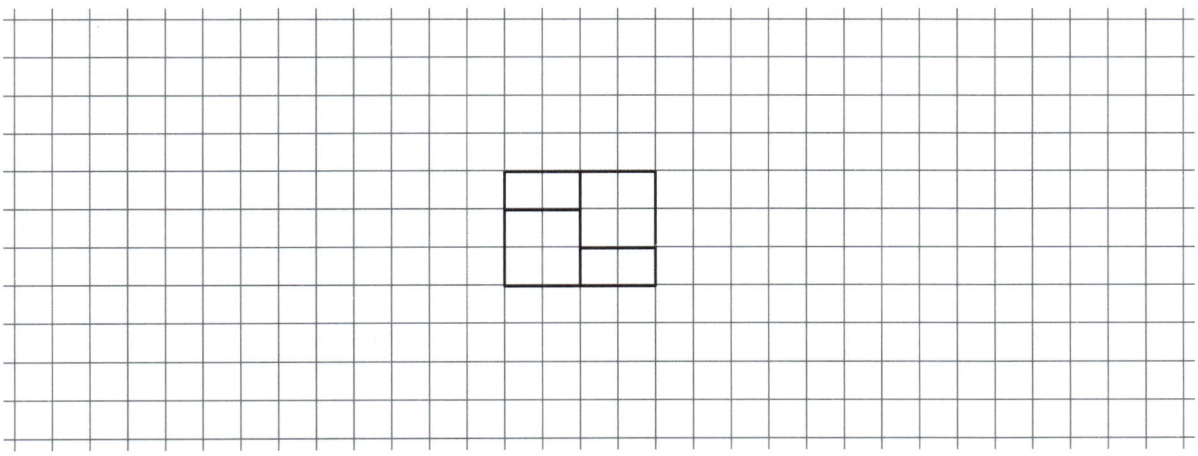

2 Parkettierungen

Eine Parkettierung erkennst du daran, dass …

… ein Grundmuster in alle Richtungen beliebig oft fortgesetzt bzw. wiederholt wird, wodurch eine Fläche entsteht.
… die parkettierte Fläche lückenlos bedeckt ist und es keine Überlappungen gibt.

1 Zum Teil sind mehrere Lösungen möglich.

Grundmuster in Bandornamenten untersuchen

Schritt 1: Suche das wiederkehrende Grundmuster.

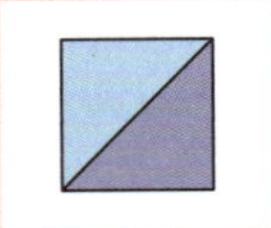

Schritt 2: Entscheide, ob das Muster verschoben, gespiegelt und/oder gedreht wurde.

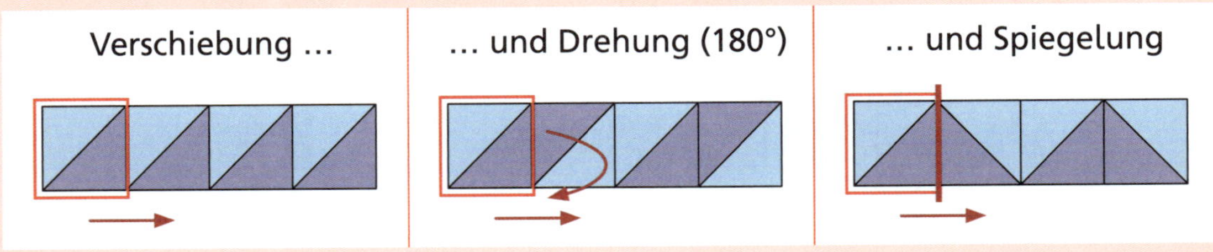

Schritt 3: Finde Spiegelachsen und zeichne sie ein.

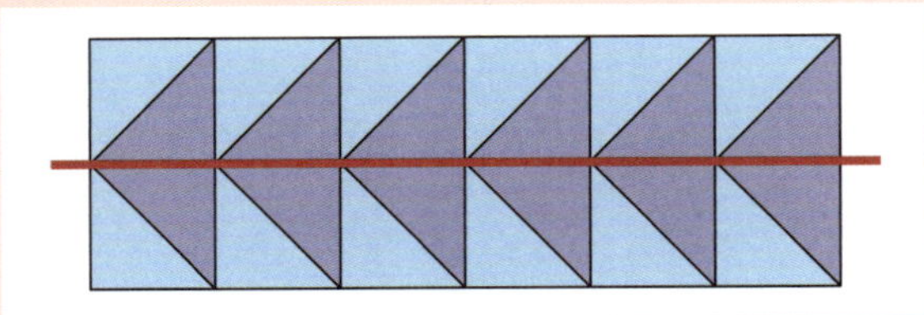

1 Schaue dir das Bandornament genau an. Wie sieht das Grundmuster aus? Kreise es ein. Suche danach die Spiegelachsen im Grundmuster und zeichne sie rot ein.

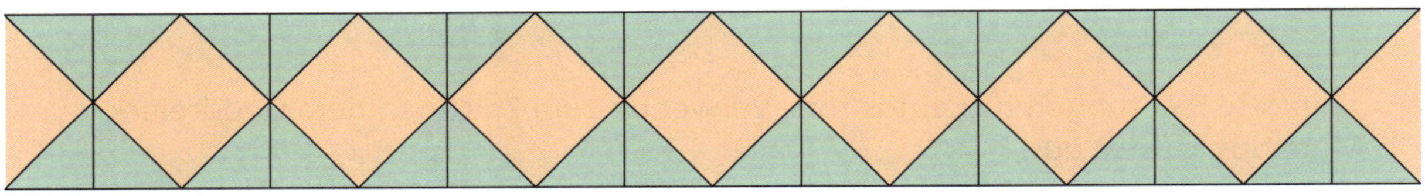

2 Wurde das Grundmuster verschoben, gespiegelt und/oder gedreht? Kreuze an.

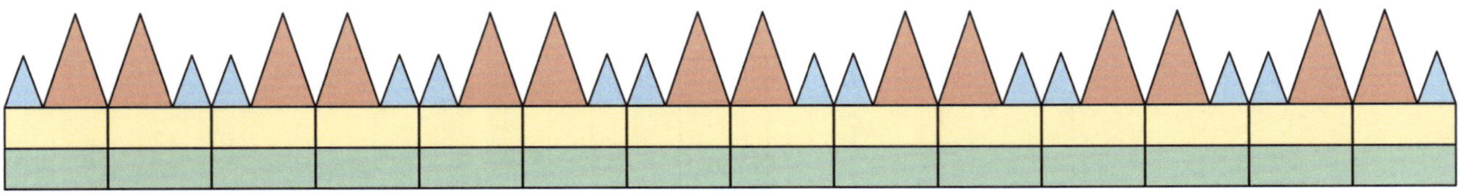

○ Verschiebung ○ Drehung ○ Spiegelung

3 Zeichne ein eigenes Bandornament. Überlege dir zuerst ein Grundmuster. Entscheide dann, ob du es verschieben, drehen und/oder spiegeln möchtest. Verwende zum Zeichnen dein Geodreieck.

 3 Mehrere Lösungen sind möglich.

Parkettierungen mit der „Knabbertechnik“

Du kannst geometrische Formen, die du schon einmal zum Parkettieren verwendet hast, verändern. So erhältst du neue Grundmuster.

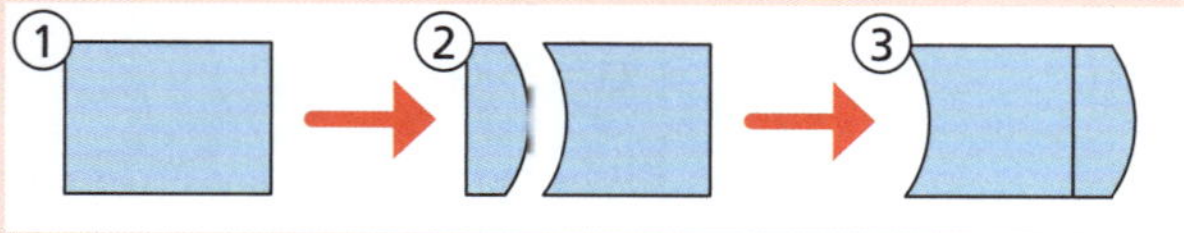

Schritt 1: Suche dir eine Ausgangsfigur.

Schritt 2: Nimm an einer Stelle ein Stück der Figur weg.

Schritt 3: Setze das Stück an einer anderen Stelle wieder an. Wiederhole das so oft du möchtest.

Schritt 4: Verwende deine neue Figur, um zu parkettieren.

4 Zeichne eine eigene Parkettierung.

a Wende an der Ausgangsfigur die „Knabbertechnik“ an.

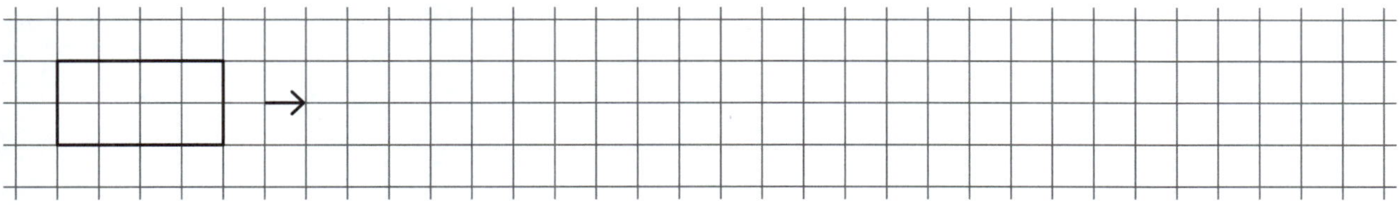

b Zeichne eine Parkettierung mit deinem erstellen Grundmuster aus **Teilaufgabe a**. Verwende zum Zeichnen dein Geodreieck.

Ich kann jetzt …	✓
… Grundmuster erkennen, verschieben, drehen und/oder spiegeln.	◯
… aus einem Grundmuster ein Bandornament zeichnen.	◯
… aus einem Grundmuster eine Parkettierung zeichnen.	◯
… bei der Parkettierung die „Knabbertechnik“ anwenden.	◯

4 Mehrere Lösungen sind möglich.

1 Berechne den Flächeninhalt der Figur.

Tipp
zum Lösen der Aufgabe:
Merkkasten 1
„Flächeninhalt" a und b

a

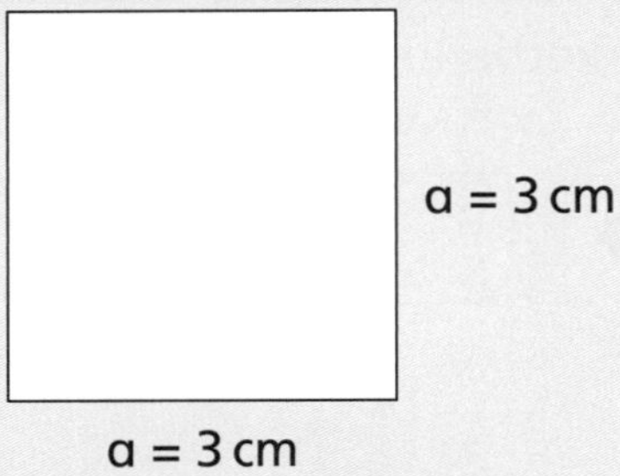

A: ____________

b

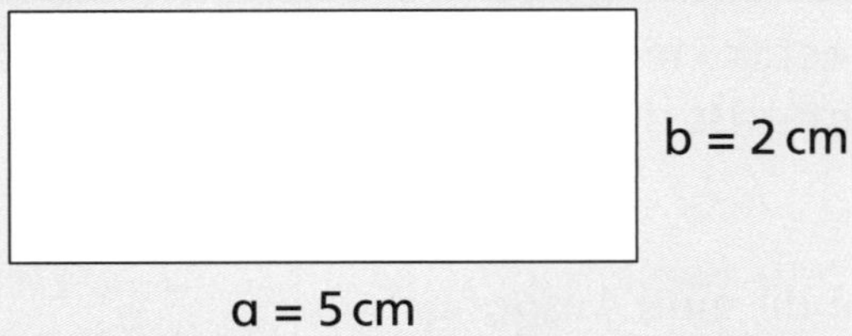

A: ____________

2 Berechne den Umfang der Figuren aus **Aufgabe 1**.

Tipp
zum Lösen der Aufgabe:
Merkkasten 2
„Umfang" a und b

a ______________________________ U: ____________

b ______________________________ U: ____________

3 Berechne Flächeninhalt und Umfang der Figur.

Tipp
zum Lösen der Aufgabe:
Merkkasten 1
„Flächeninhalt" a und b
sowie Merkkasten 2
„Umfang" a und b

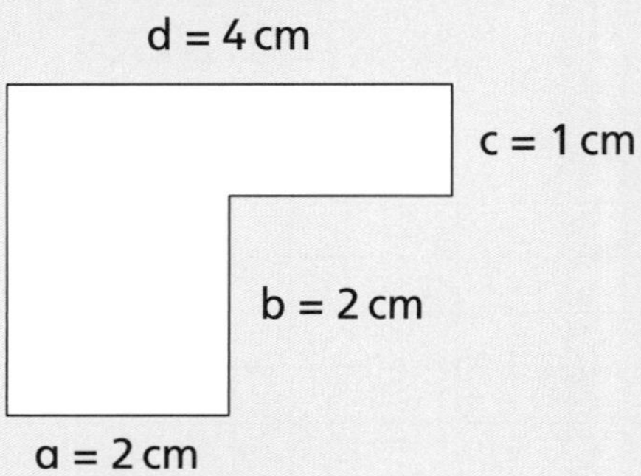

A = ____________

U = ____________

3 Zum Teil sind mehrere Lösungen möglich.

1 Flächeninhalt

a Der Flächeninhalt (A) einer Figur ist die Fläche, die durch ihren Rand eingeschlossen wird.

Flächeninhalte vergleichen
Die Flächeninhalte zweier Figuren kannst du vergleichen, indem du berechnest, aus wie vielen Einheitsquadraten jede Figur besteht. Die Figur mit mehr Einheitsquadraten hat auch den größeren Flächeninhalt.

(!) Einheitsquadrat = ein Quadrat mit der Seitenlänge 1 cm

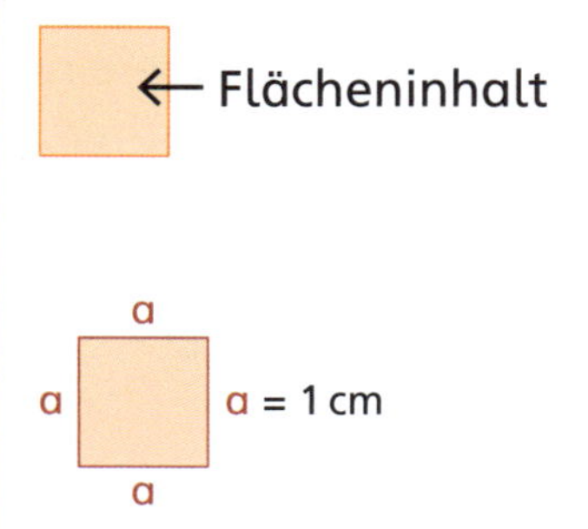

1 Zeichne die Einheitsquadrate in die Figur ein. Notiere die Anzahl.

a
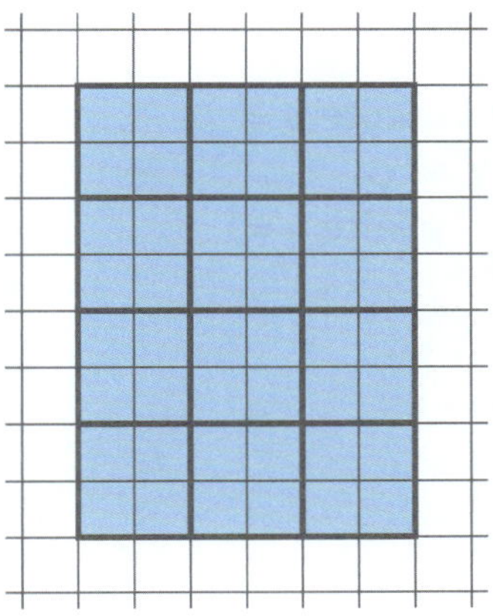

12 Einheitsquadrate

b
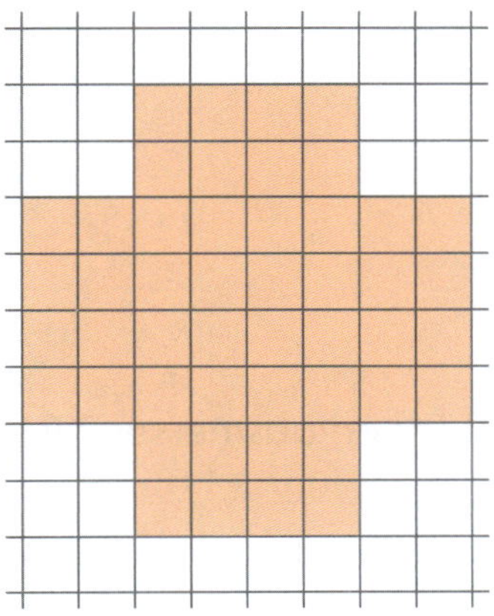

____ Einheitsquadrate

c
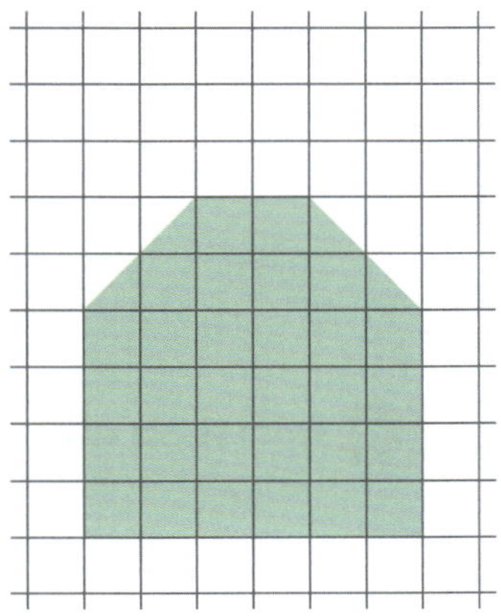

____ Einheitsquadrate

2 Wie kannst du bei **Aufgabe 1a** die Anzahl der Einheitsquadrate angeben, ohne zu zählen? Schreibe deine Rechnung auf.

____

b **Flächeninhalt berechnen**

Den Flächeninhalt (A) einer rechteckigen Fläche kannst du berechnen, indem du die Länge (Seite a) mit der Breite (Seite b) multiplizierst.

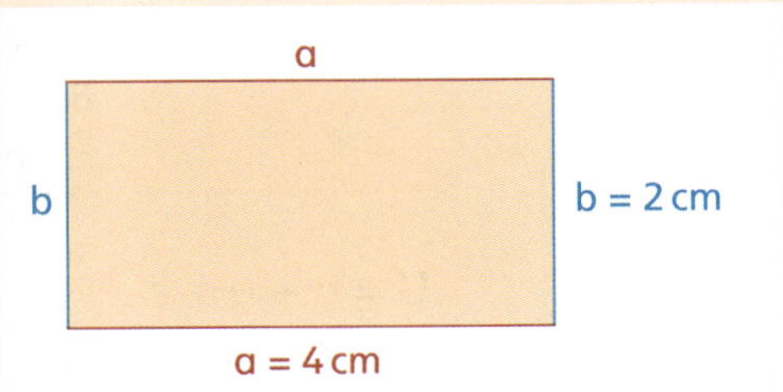

$A = a \cdot b$

$A = 4\,cm \cdot 2\,cm$

$A = 8\,cm^2$

(!) Beim Flächeninhalt nimmst du die ursprüngliche Einheit immer im Quadrat. Aus Zentimeter (cm) wird beispielsweise Quadratzentimeter (cm^2).

2 Mehrere Lösungen sind möglich.

2 Umfang

a Der Umfang (U) einer Figur ist die Strecke, die einmal um die gesamte Figur herumgeht. Stell dir vor, du würdest einmal auf dem Rand der Figur entlanglaufen.

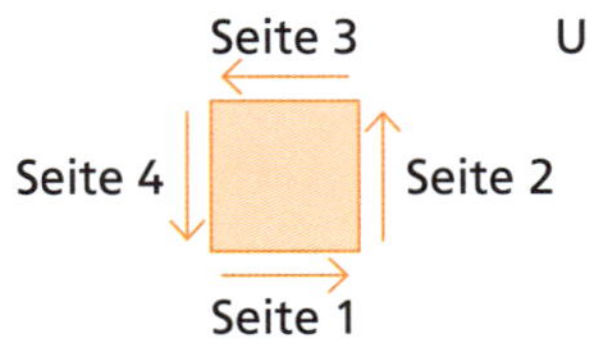

U = Seite 1 + Seite 2 + Seite 3 + Seite 4

3 Miss die Seitenlängen der Figur. Notiere deine Maße.

Seitenlängen: Seite 1 = 6 cm

Seite 2 = ______

Seite 3 = ______

Seite 4 = ______

4 Musst du alle vier Seitenlängen ausmessen? Begründe.

____

____

____

b **Umfang berechnen**

Den Umfang (U) einer Figur kannst du berechnen, indem du alle Seitenlängen der Figur zusammenrechnest.

Quadrat

Seitenlänge: a = 2 cm

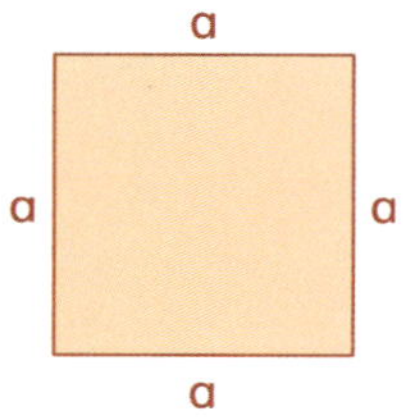

U = a + a + a + a
U = 4 · a
8 cm = 4 · 2 cm

Rechteck

Seitenlänge: a = 4 cm
b = 2 cm

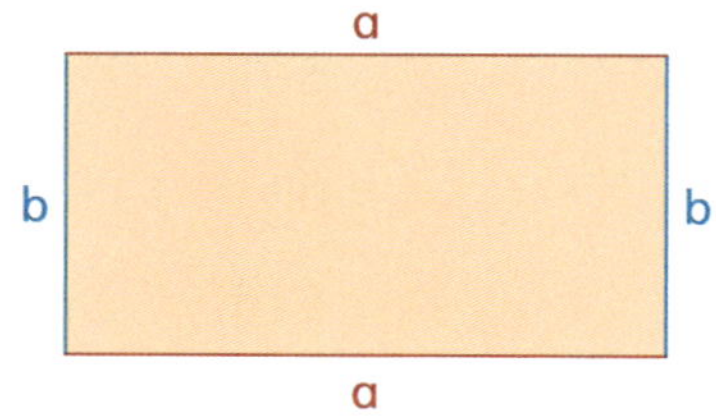

U = a + b + a + b
U = 2 · a + 2 · b
12 cm = 2 · 4 cm + 2 · 2 cm
12 cm = 8 cm + 4 cm

Dreieck

Seitenlänge: a = 3 cm
b = 2 cm
c = 4 cm

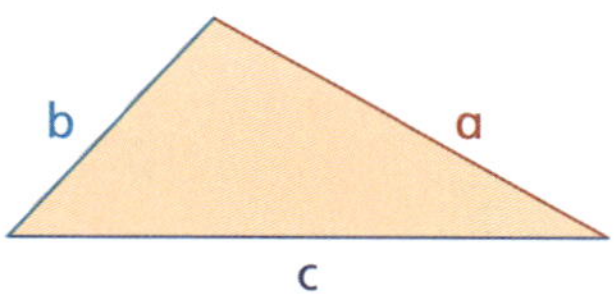

U = a + b + c
9 cm = 3 cm + 2 cm + 4 cm

 4 Mehrere Lösungen sind möglich.

Flächeninhalt und Umfang in Sachsituationen

Im Alltag gibt es immer mal wieder Situationen, in denen du den Flächeninhalt oder den Umfang einer Fläche berechnen musst. Überlege dir, aus welchen geometrischen Formen die Fläche besteht. Die Formeln zur Berechnung bleiben die Gleichen.

1 Löse die Sachaufgabe.

a Ein Kinderzimmer soll mit einem neuen Teppichboden ausgestatten werden. Das Zimmer ist 4 m lang und 5 m breit.

Frage: Wie viel Quadratmeter Teppichboden muss die Familie für das Zimmer kaufen?

Rechnung:

Antwort: ______________________________

b Auf der abgebildeten Rasenfläche soll neuer Rasensamen gesät werden.

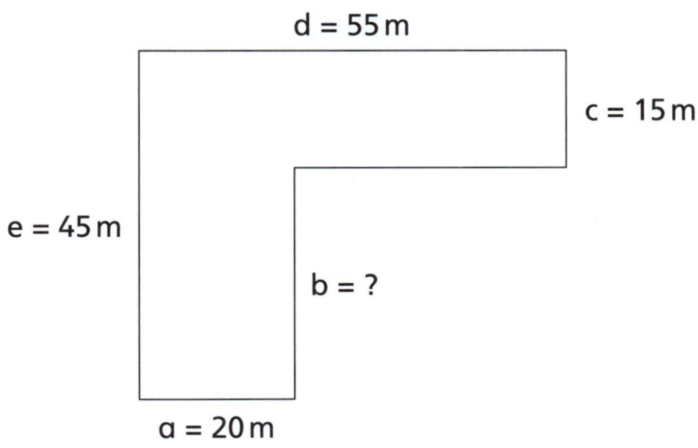

Länge Seite b:

Frage: Wie viel Quadratmeter hat die Rasenfläche?

Rechnung:

Antwort: ______________________________

2 Löse die Sachaufgabe.

a Ein Spielfeld der UEFA ist 105 m lang und 68 m breit.

Frage: Wie lang ist die Gesamtlänge der Außenlinie?

Rechnung:

Die Außenlinie geht einmal komplett um den äußeren Rand des Platzes herum.

Antwort: ______________________________

b Die abgebildete Fläche soll neu eingezäunt werden.

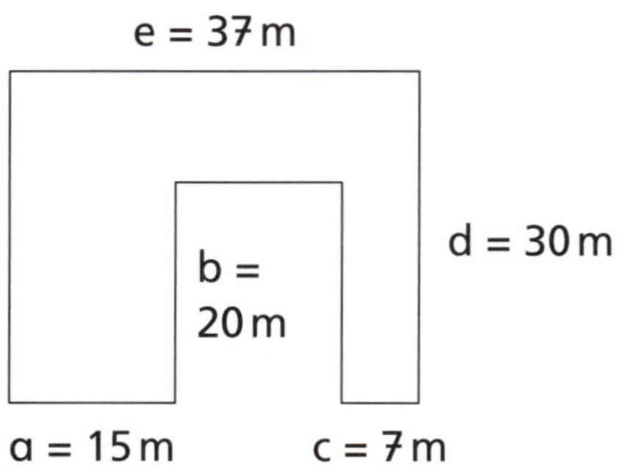

Frage: Wie viel Meter Zaun müssen verbaut werden?

Rechnung:

Antwort: ______________________________

Ich kann jetzt …	✓
… den Flächeninhalt einer Figur berechnen.	○
… den Umfang einer Figur berechnen.	○
… Flächeninhalt und Umfang in Sachsituationen berechnen.	○

2 Zum Teil sind mehrere Lösungen möglich.

1 Schaue dir die Tabelle genau an. Beantworte dazu die folgenden Fragen.

Tipp
zum Lösen der Aufgabe: Merkkasten 1 „Diagramme“

Lieblingstier	**Mädchen**	**Jungen**
Hund	7	9
Katze	4	4
Sonstige	3	1

a Welches Lieblingstier haben die meisten Kinder? ____________

b Wie viele Kinder wurden befragt? ____________

2 Wie heißt das abgebildete Diagramm? ____________

Tipp
zum Lösen der Aufgabe: Merkkasten 1 „Diagramme“

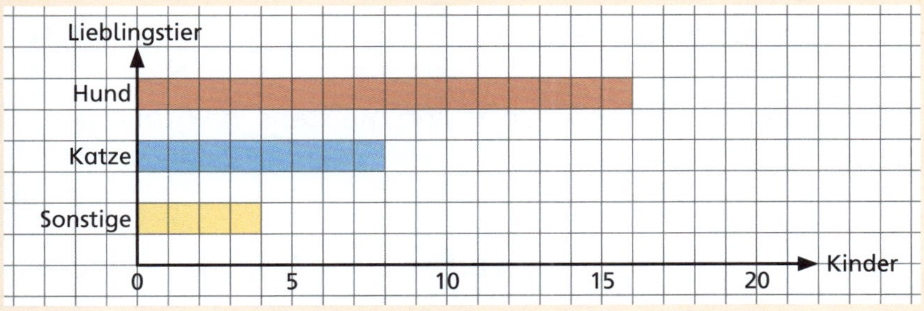

3 Schaue dir das Säulendiagramm „Lieblingsfach“ genau an. Ergänze die Lücken.

Tipp
zum Lösen der Aufgabe: Merkkasten 1 „Diagramme“

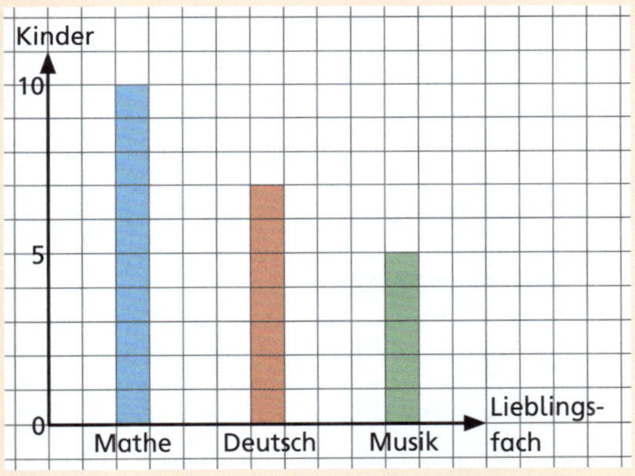

a Mathe: ______ Kinder

b Deutsch: ______ Kinder

c Musik: ______ Kinder

4 Erstelle ein Säulendiagramm zu der Umfrage „Lieblingsessen“.

Tipp
zum Lösen der Aufgabe: Merkkasten 2 „Säulendiagramme zeichnen“

<u>Lieblingsessen</u>
Pizza: 5 Kinder
Hamburger: 3 Kinder
Nudeln: 5 Kinder

1 Diagramme

Du kannst Daten erfassen, darstellen und auswerten. Hierbei helfen dir Diagramme.
Es gibt verschiedene Diagrammformen:

Diagramme
- Streifendiagramme
  - Balkendiagramme
  - Säulendiagramme
- Kreisdiagramme

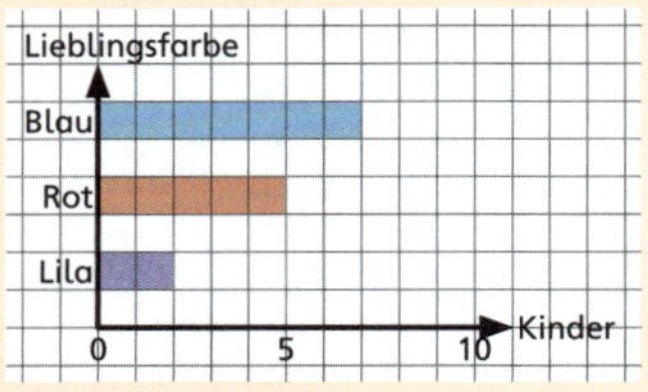

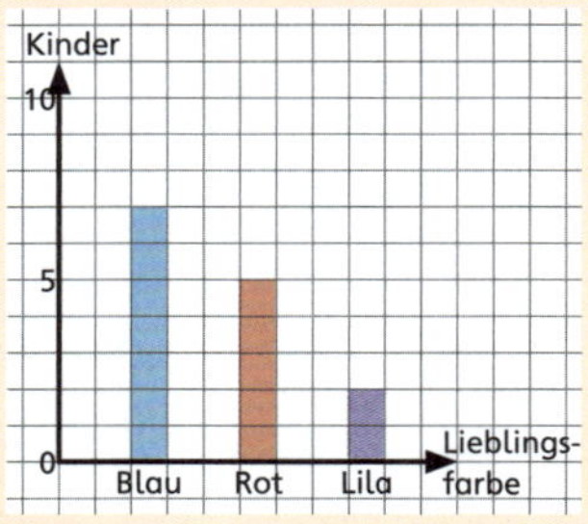

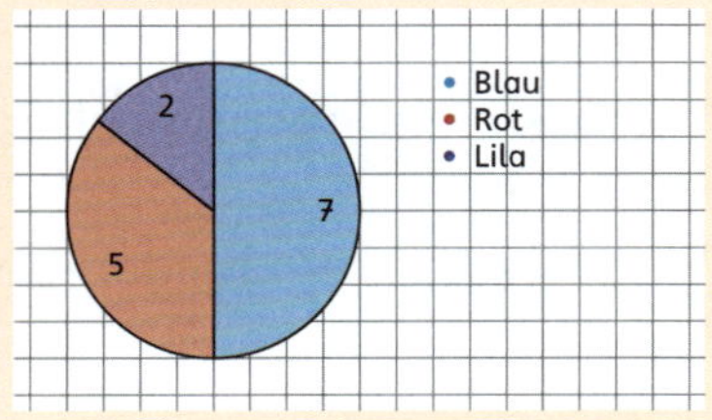

Die Daten, mit denen du ein Diagramm erstellen kannst, sind meistens in Form einer Tabelle oder Strichliste angegeben.

Beispiel: „Lieblingsfarbe"

Die Farbe Blau mögen 5 Mädchen und 2 Jungen.
Die Farbe Rot mögen 2 Mädchen und 3 Jungen.
Die Farbe Lila mögen 1 Mädchen und 1 Junge.

Insgesamt wurden 14 Kinder befragt
(5 + 2 + 2 + 3 + 1 + 1 = 14).

Farbe	Mädchen	Jungen
Blau	5	2
Rot	2	3
Lila	1	1

1 Schaue dir die Diagramme genau an.
Worin unterscheiden sich die beiden Diagrammformen? Beschreibe.

Balkendiagramm:

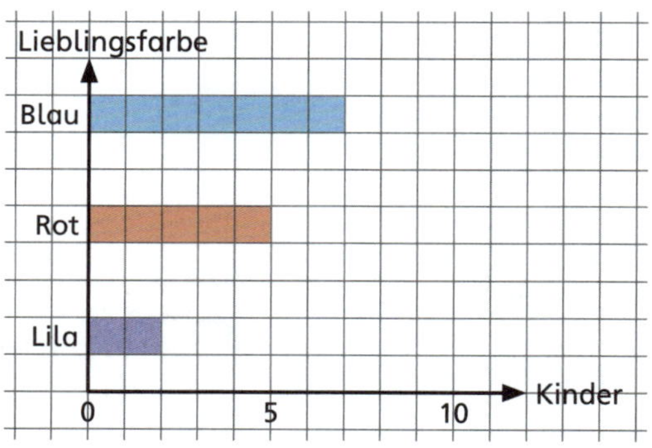

Säulendiagramm:

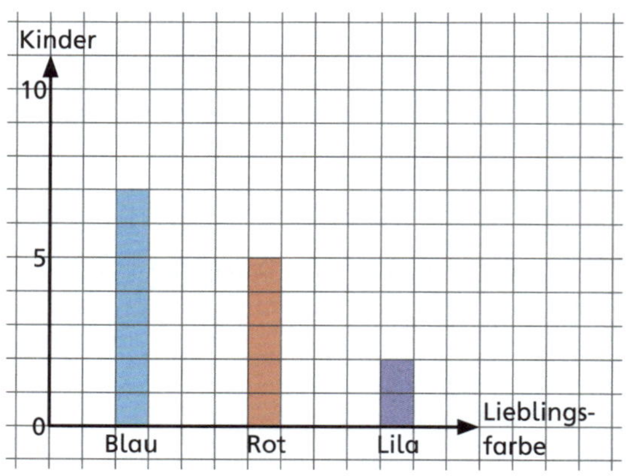

____

____

1 Mehrere Lösungen sind möglich.

2 Säulendiagramme zeichnen

Das Säulendiagramm hat eine X-Achse (waagerecht) und eine Y-Achse (senkrecht):

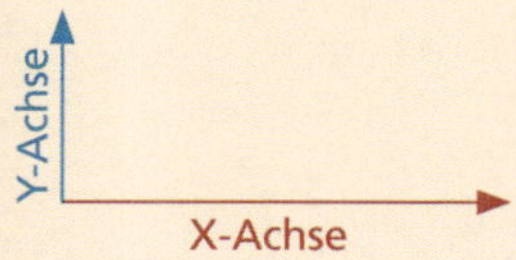

- X-Achse: Merkmale, die zur Auswahl stehen
- Y-Achse: Anzahl der Merkmale

Schritt 1: Zeichne die zwei Achsen ein und beschrifte sie.

Schritt 2: Trage auf der X-Achse die Merkmale ein.

Schritt 3: Zeichne auf der Y-Achse die Anzahl der Merkmale ein (Anzahl der Personen bei der Umfrage).

Schritt 4: Zeichne die Säulen in das Koordinatensystem ein.

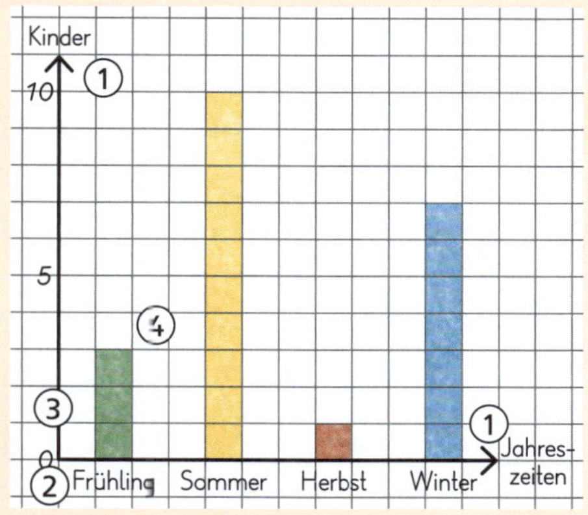

2 Tessa Tinte hat mit anderen Meerestieren eine Umfrage zum Thema „Meine liebste Tentakelfarbe" gemacht.

Tentakelfarbe	Anzahl der Tiere
Rot	𝍸
Blau	𝍸 |||
Lila-weiß-gestreift	𝍸
Gelb mit roten Punkten	𝍸 ||||

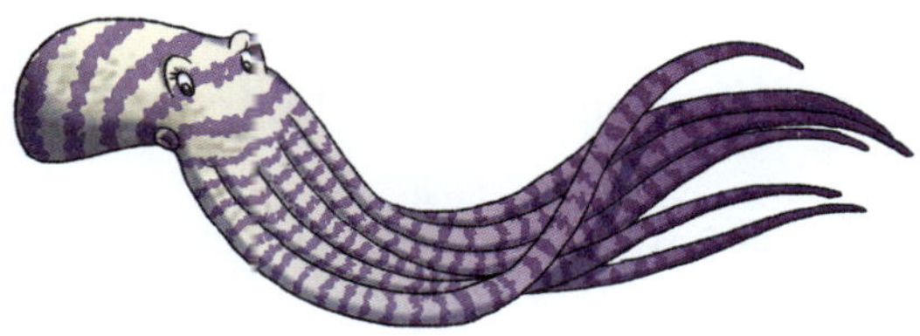

a Erstelle aus den Daten ein Säulendiagramm.

b Welche ist die liebste Tentakelfarbe?

Daten auswerten

Aus einem Diagramm kannst du schnell und übersichtlich Informationen entnehmen. Hierfür musst du dir immer die X-Achse und Y-Achse genau ansehen.

Stelle dir nun folgende Fragen:
1. Welche Merkmale wurden abgefragt (X-Achse)?
2. Welche Anzahl hat jedes Merkmal erhalten (Y-Achse)?

1 Schaue dir das Säulendiagramm zur Umfrage von Tessa Tinte genau an.

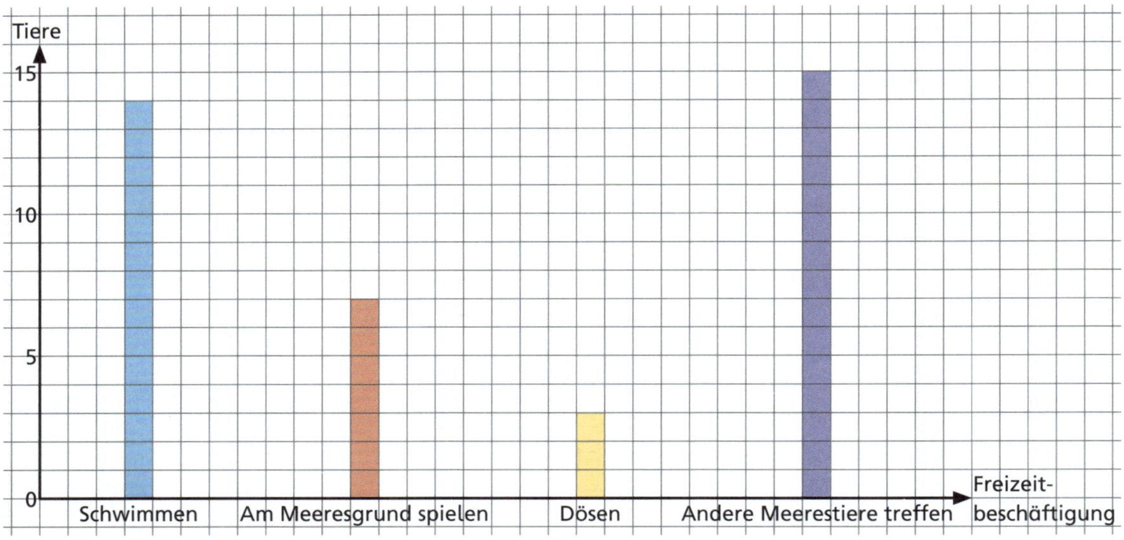

2 Welche Aussage zum Diagramm aus **Aufgabe 1** stimmt? Kreuze an.

a Die meisten Tiere dösen in ihrer Freizeit. ◯

b Die meisten Tiere treffen gerne andere Meerestiere. ◯

c Es haben 39 Tiere an der Umfrage teilgenommen. ◯

d Tessa Tinte spielt gerne am Meeresgrund in ihrer Freizeit. ◯

3 Kannst du die Frage zum Diagramm aus **Aufgabe 1** beantworten? Kreuze an und begründe.

a Wie viele Tiere wählten nicht „Andere Meerestiere treffen" aus? ◯ Ja ◯ Nein

Begründung: ______________________________

____

b Was macht Tessa Tinte gerne in ihrer Freizeit? ◯ Ja ◯ Nein

Begründung: ______________________________

____

3 Zum Teil sind mehrere Lösungen möglich.

Kreisdiagramme auswerten

Du kannst die Ergebnisse von Umfragen auch mithilfe eines Kreisdiagramms auswerten.

Der Kreis stellt alle Ergebnisse als Ganzes dar.

Die Ergebnisse werden je nach Anteil als Kreisstücke angezeigt.

Die farbigen Stücke zeigen dir die Häufigkeit der einzelnen Ergebnisse.

(!) Je größer das Kreisstück, umso häufiger wurde die Antwort genannt.

Beispiel: „Lieblingsblume“
- Sonnenblume
- Rose
- Tulpe
- Lilie

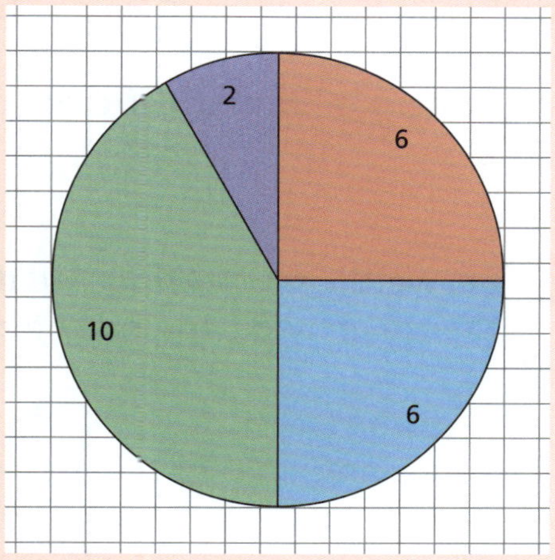

4 Welches Kreisdiagramm passt zu den Ergebnissen der Umfrage „Lieblingstier“?

a Kreuze an.

Hund	Katze	Meerschweinchen	Hamster	Vogel
30	30	22	16	5

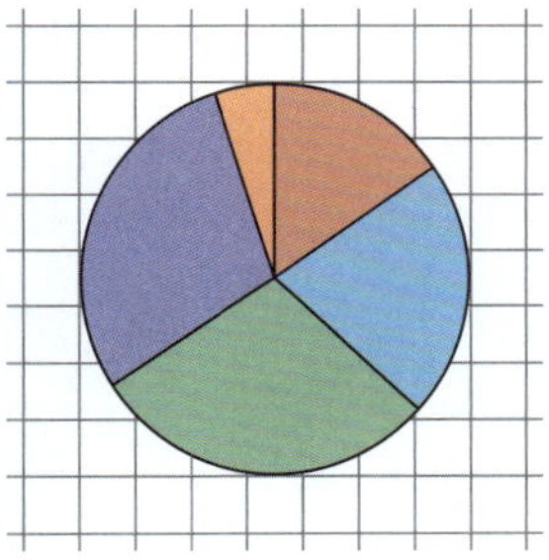 ◯

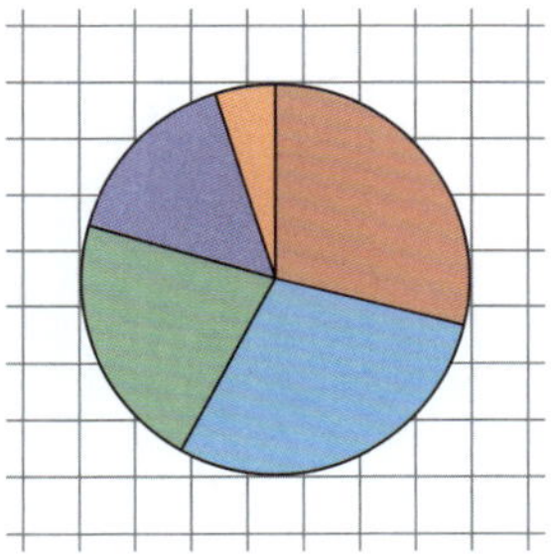 ◯

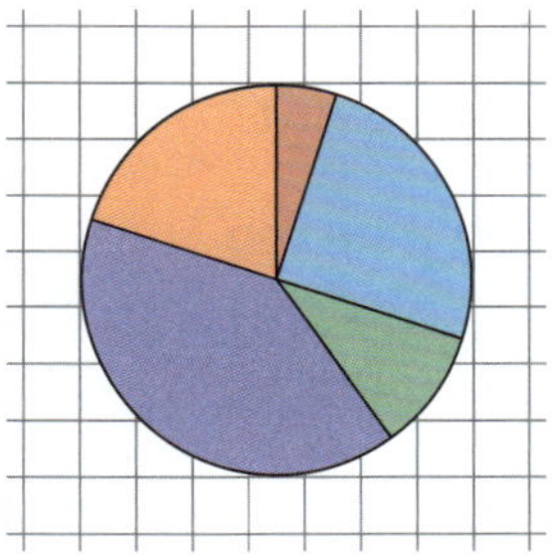 ◯

b Begründe deine Entscheidung.

____

____

Ich kann jetzt …	✓
… Daten aus Tabellen entnehmen und als Diagramm darstellen.	◯
… verschiedene Diagrammformen benennen und unterscheiden.	◯
… Säulendiagramme zeichnen.	◯
… Daten auswerten.	◯
… Kreisdiagramme auswerten.	◯

4 Zum Teil sind mehrere Lösungen möglich.

1 Kreuze zufällige Ereignisse an.

Tipp zum Lösen der Aufgabe: Merkkasten 1 „Zufall"

a Tante Petra hatte letzte Woche im Lotto „drei Richtige". ○

b Emilia hat sich am Dienstag beim Turnen den Arm gebrochen. ○

c Gestern ist Wasser gefroren, als es 0 Grad Celsius hatte. ○

2 Bei welchem Glücksrad sind deine Gewinnchancen größer?
Kreuze an und begründe deine Entscheidung.

Tipp zum Lösen der Aufgabe: Merkkasten 2 „Zufallsgeneratoren"

„Grau" gewinnt.

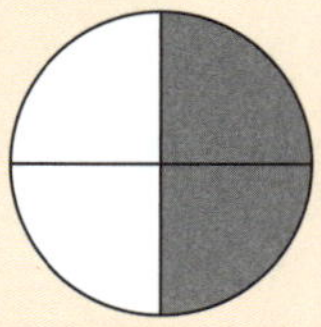 ○

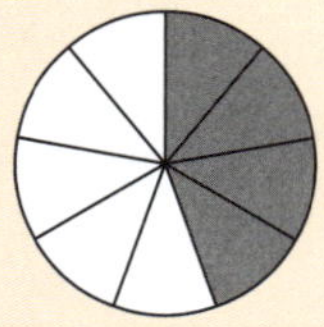 ○

____

____

3 Bei welchem Würfel sind deine Gewinnchancen größer?
Kreuze an und begründe deine Entscheidung.

Tipp zum Lösen der Aufgabe: Merkkasten 2 „Zufallsgeneratoren"

„6" gewinnt.

 ○

 ○

____

____

4 Unterstreiche in der richtigen Farbe.
grün = sicher gelb = möglich rot = unmöglich

Tipp zum Lösen der Aufgabe: Merkkasten 3 „Wahrscheinlichkeitsbegriffe"

a Du hast einmal im Jahr Geburtstag.

b Im März schneit es.

c Die Sonne geht im Westen auf.

d Du würfelst eine 3.

e Ein Tag hat 24 Stunden.

 2, 3 Zum Teil sind mehrere Lösungen möglich.

1 Zufall

Von Zufall sprechen wir in der Mathematik, wenn …

… für ein Ereignis keine begründete Erklärung gegeben werden kann.
… bei einer Wiederholung des gleichen Ereignisses etwas anderes als Ergebnis eintreten kann.

(!) Handlungen und Ereignisse sind zufällig, wenn ihr Auftreten zwar möglich, aber nicht sicher vorhersehbar ist.

Beispiel: Würfelspiel

Zufall?

✓ Welche der sechs Zahlen gewürfelt wird, ist zufällig – das Ergebnis ist nicht vorhersehbar.

✓ Bei einem erneuten Wurf kann die gleiche Zahl noch einmal oder eine andere Zahl gewürfelt werden.

1 Kreuze zufällige Ereignisse an.

a Matteo würfelt in einem Würfelspiel dreimal eine Sechs. ○

b Am 3. Oktober feiern wir den Tag der Deutschen Einheit. ○

c Tessas Mannschaft gewinnt im Wasserball. ○

2 Lia hat im Würfelspiel eine 5 gewürfelt. Welche Augenzahl wird sie wohl als nächstes würfeln? Begründe deine Antwort.

____

____

2 Zufallsgeneratoren

Zufallsgeneratoren können dir helfen, Wahrscheinlichkeiten zu vergleichen und besser einzuschätzen.

Beispiele für Zufallsgeneratoren sind:

Glücksrad

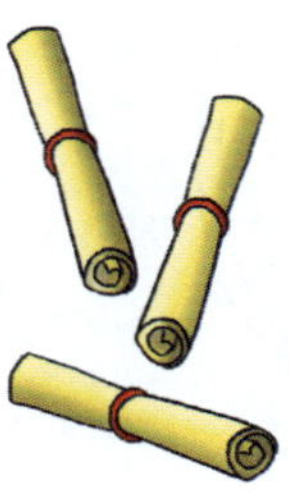

Lose

Würfel

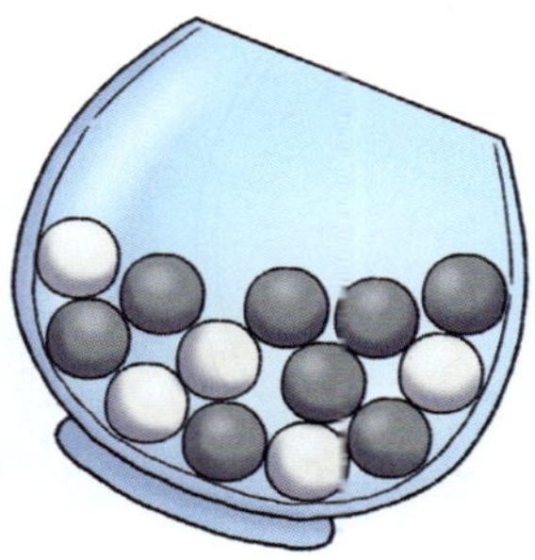

Urnenmodell

Spielkarten

2 Mehrere Lösungen sind möglich.

3 Wenn du eine der abgebildeten Gewinnzahlen würfelst, gewinnst du das Spiel.

Gewinnzahlen: 1, 2, 3, 4

Gewinnzahlen: 1, 2, 3, 4, 5, 6

Für welchen Würfel entscheidest du dich? Begründe.

4 Erfinde ein Glücksrad, das zu der folgenden Gewinnchance passt. Zeichne ein.

a „Grau“ gewinnt sicher.

b Es ist zufällig, ob „Weiß“ oder „Grau“ gewinnt.

3 Wahrscheinlichkeitsbegriffe

Um zufällige Ereignisse danach zu beurteilen, mit welcher Wahrscheinlichkeit sie eintreten, verwendet man Wahrscheinlichkeitsbegriffe.

- unmöglich: Das Ereignis tritt niemals ein.
- möglich: Das Ereignis kann eintreten, muss aber nicht.
- sicher: Das Ereignis tritt immer ein.

Beispiel: „Ziehe eine graue Kugel.“

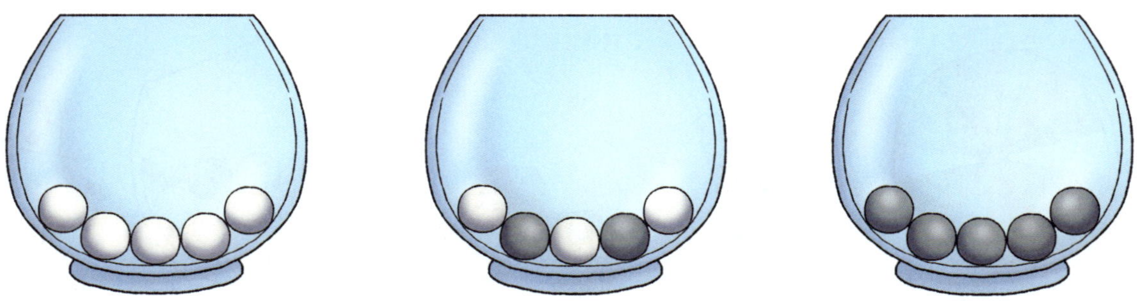

unmöglich möglich sicher

3 Mehrere Lösungen sind möglich.
4 Zum Teil sind mehrere Lösungen möglich.

Wahrscheinlichkeitsstreifen

Ein Wahrscheinlichkeitsstreifen kann zum Beispiel so aussehen:

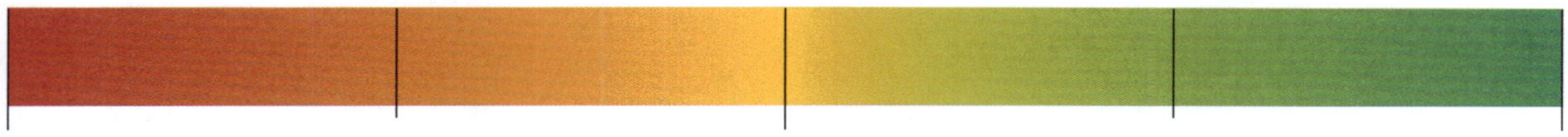

Er hilft dir, mögliche Ereignisse ihrer Wahrscheinlichkeit nach zu ordnen.
Je häufiger ein Ereignis eintritt, desto wahrscheinlicher ist es.

1 Ordne die Ereignisse am Wahrscheinlichkeitsstreifen. Verbinde.

Im Winter liegt Schnee.	Du würfelst eine 6.	Nach 24 Stunden beginnt ein neuer Tag.	Der Monat Februar hat 28 Tage.

Wahrscheinlichkeiten vergleichen

Gewinnspiel: „Ziehe eine graue Kugel und erhalte den Hauptpreis."

Welche Urne wählst du?

Vergleiche die Anzahl der Möglichkeiten (hier: graue Kugeln).

In Urne 2 sind mehr graue Kugeln enthalten. Wähle also diese Urne, um zu ziehen.

Hier ist deine Gewinnwahrscheinlichkeit höher, da fast alle Kugeln grau sind.

① 

Inhalt Urne 1:
2 graue Kugeln
4 weiße Kugeln

② 

Inhalt Urne 2:
5 graue Kugeln
1 weiße Kugel

(!) Damit du bei einem Spiel deine Chancen zu gewinnen erhöhen kannst, ist es wichtig, die Gewinnwahrscheinlichkeiten zu vergleichen.

2 Beurteile die Aussage und unterstreiche: grün = wahr oder rot = falsch.

7 Trostpreise 8 Nieten 1 Hauptgewinn

Die Wahrscheinlichkeit, irgendeinen Preis zu bekommen, ist genauso hoch wie die Wahrscheinlichkeit, eine Niete zu ziehen.

3 Vergleiche die drei Urnen. Du gewinnst, wenn du eine rote Kugel ziehst.

a Welche Urne suchst du dir aus? Kreuze an.

①  ○ ② 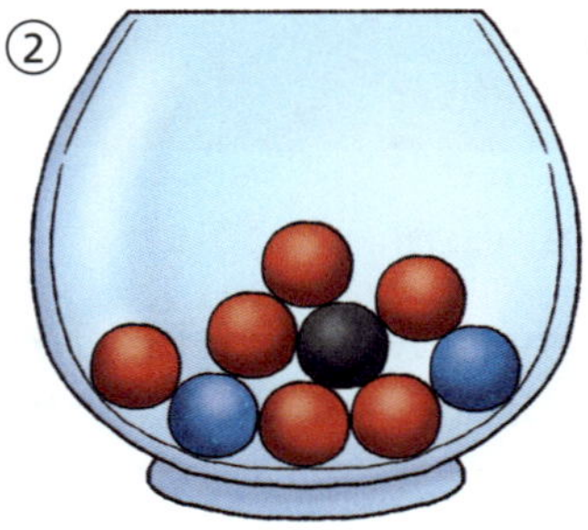 ○ ③ 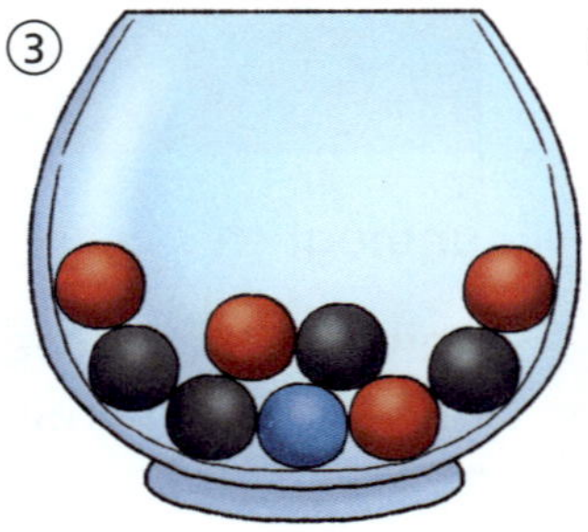 ○

b Begründe deine Entscheidung.

___

4 Schaue dir die vier Glücksräder genau an. Du gewinnst bei einem grauen Feld.

① 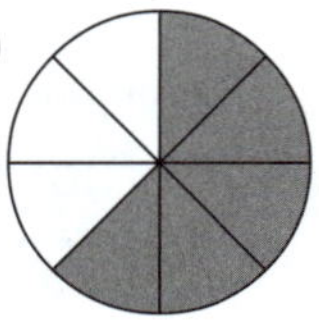 ② 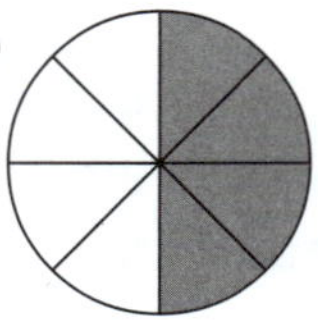 ③ 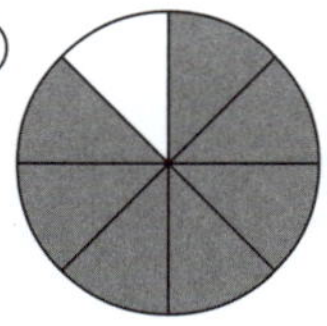 ④ 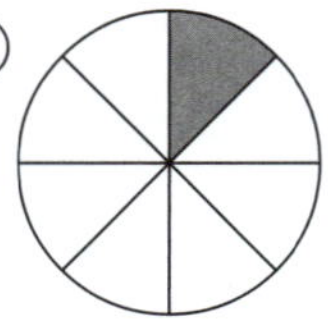

Ordne die Glücksräder ihrer Gewinnwahrscheinlichkeit nach:

___

5 Ordne jedem Glücksrad eine Spielregel zu, bei der Tessa und ihr Freund Toni die gleichen Gewinnchancen haben. Ein Glücksrad passt zu keiner Spielregel.

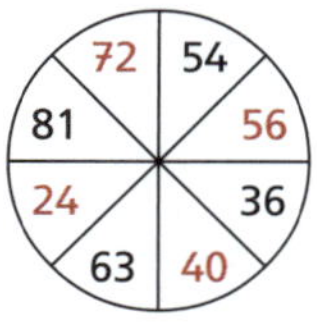

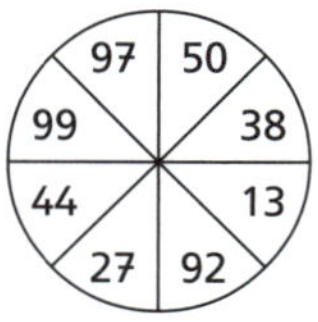

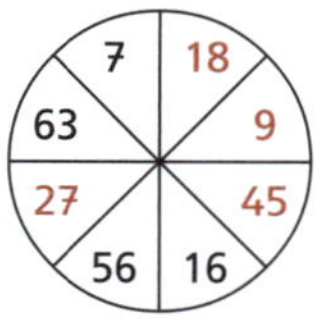

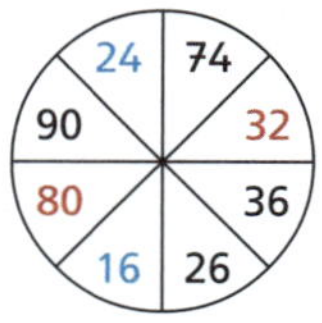

___ ___ ___ ___

Spielregel 1
Tessa: Gewinnt, wenn die Zahl gerade ist.
Toni: Gewinnt, wenn die Zahl ungerade ist.

Spielregel 2
Tessa: Gewinnt, wenn die Zahl durch 9 teilbar ist.
Toni: Gewinnt, wenn das Feld rot und durch 8 teilbar ist.

Ich kann jetzt …	✓
… zufällige Ereignisse bestimmen und Wahrscheinlichkeitsbegriffe sicher verwenden.	○
… Zufallsgeneratoren benennen und deren Wahrscheinlichkeit einschätzen und vergleichen.	○
… Ereignisse am Wahrscheinlichkeitsstreifen einordnen.	○

 3 Zum Teil sind mehrere Lösungen möglich.